中等卫生职业教育国家级示范学校特色教材

健康与素质拓展

主　审　刘恒幼

主　编　高　鄰

副主编　金振洲　龙荣洁　刘　灿
　　　　　汤　恒　窦月含

编　委　（按姓氏笔画排序）
　　　　　毛红云　李红波　李俊华
　　　　　杨　评　沈　珣　张正红
　　　　　詹沛晶　熊　黎

華中科技大学出版社
http://www.hustp.com
中国·武汉

内容简介

本书为中等卫生职业教育国家级示范学校特色教材。

本书内容涉及健康与运动技能及综合素质拓展，主要包括生活方式与健康，膳食、营养与健康，运动安全与运动损伤的预防与处置，国家学生体质健康标准与发展体能，田径，足球，篮球，排球，羽毛球，协调性训练，体育游戏，二十四式简化太极拳，健美操，运动处方，音乐鉴赏，基础礼仪等，突出地方特色和学生求职的需求，将科学性、系统性和实用性有机结合。

图书在版编目(CIP)数据

健康与素质拓展/高鄰主编.—武汉：华中科技大学出版社，2015.3（2021.8 重印）
ISBN 978-7-5680-0704-7

Ⅰ.①健… Ⅱ.①高… Ⅲ.①健康教育-高等学校-教材 ②素质教育-高等学校-教材 Ⅳ.①R193 ②G640

中国版本图书馆 CIP 数据核字(2015)第 052086 号

健康与素质拓展 高 鄰 主编

策划编辑：荣 静
责任编辑：程 芳 荣 静
封面设计：范翠璇
责任校对：祝 菲
责任监印：周治超
出版发行：华中科技大学出版社(中国·武汉) 电话：(027)81321913
武汉市东湖新技术开发区华工科技园 邮编：430223
录 排：华中科技大学惠友文印中心
印 刷：广东虎彩云印刷有限公司
开 本：787mm×1092mm 1/16
印 张：10.5
字 数：250 千字
版 次：2021 年 8 月第 1 版第 5 次印刷
定 价：39.80 元

前　言

2007 年 5 月，党中央、国务院在认真分析研究我国青少年学生体育工作状况的基础上，颁布《关于加强青少年体育增强青少年体质的意见》，对加强青少年体育、增强青少年体质作出了战略部署，强调指出：要认真落实健康第一的指导思想，把增强学生体质作为学校教育的基本目标之一，要充分保证学校体育课和学生体育活动，广泛开展群众性青少年体育活动和竞赛，培养青少年良好的体育锻炼习惯和健康的生活方式，形成青少年热爱体育、崇尚运动、健康向上的良好风气，以及全社会珍视健康、重视体育的浓厚氛围。

为贯彻落实中央精神和《学校体育工作条例》，加强体育课程建设，进一步提高教育教学质量，依据《全国普通高等学校体育教学指导纲要》的基本要求，结合学校体育工作实际和地方特色，我们广泛参考吸收众多前人的研究成果与经验，组织编写了这本《健康与素质拓展》教材。

本教材编写的指导思想如下：

(1) 认真学习体育法规、文件，深刻领会其精神实质，准确把握学校体育的目标，面对全体学生，紧扣素质教育主线和学生身心健康全面发展目标，将丰富的理论知识和多种健身方法及措施贯穿于整个教材的始终，使之成为一个完整的教材体系。

(2) 遵循教育规律和学生的身心特点及兴趣爱好，汲取并借鉴体育学科最新研究成果，尽可能最大限度地满足当代学生的需求，力争做到教材内容精练规范、涵盖面广、通俗易懂、指导性强。

(3) 注重高等学校体育的传统，突出地方特色和学生求职的需求，将科学性、系统性和实用性有机结合。

本教材编写分工如下：高鄰(第一章、第二章、第三章、第四章、第八章、第九章)，金振洲(第七章、第十章、第十一章、第十四章)，龙荣洁(第十五章)，刘灿(第五章、第六章、第十二章、第十四章)，汤恒(第十六章)，窦月含(第十三章)。全书由高鄰拟定编写提纲，编写过程中编写组多次进行讨论和修改，高鄰、汤恒进行了统稿。

在编写过程中，我们参考了众多的专业书籍，在此对相关的作者一并致以衷心的感谢。

由于参编人员水平有限，书中定有许多不妥和疏漏之处，恳请广大读者给予批评指正。

编　者

目　录

第一章　生活方式与健康

健康与我们自身的生活环境、生活习惯、体育锻炼和合理的营养等都有着密切的关系。同学们正处在身心快速发展、逐步走入社会的关键阶段，加强体育锻炼，增强自我保健意识，养成健康的生活方式，不仅对现在的健康大有裨益，而且对今后一生的健康都会有深远的影响。

通过本章的学习，同学们将了解生活方式与健康的密切关系和青少年阶段的身心保健知识，通过亲身实践养成健康的生活方式，为今后一生的健康打下坚实的基础。

(1) 了解评价健康的方法，提高关注自身健康状况的意识。
(2) 了解健康的四大基石，养成健康的生活方式。
(3) 掌握青春期身心保健的常用方法。

第一节　养成健康的生活方式

什么是健康？健康包括哪些方面？健康的生活方式有哪些，它们与健康有什么关系？在本节的学习中，我们将共同关注自身的健康状况，并学习如何养成健康的生活方式，保持良好的健康状况。

一、关注自身的健康状况

健康的体魄是高效率学习、工作的基础，也是享受幸福生活的前提。仔细回想一下，你是否关注过自己的健康呢？你了解自己的健康状况吗？你的身体形态与同龄人相比处在什么位置？你的心理状态是否良好？你能否轻松地适应社会？下面我们一起来做一组测评。

了解自己的身体形态

身体形态就是指身体的外部形态和特征，常用的指标有身高、体重等。不同国家16～18岁青少年学生身高均值见图1-1。现在让我们来测一测吧！

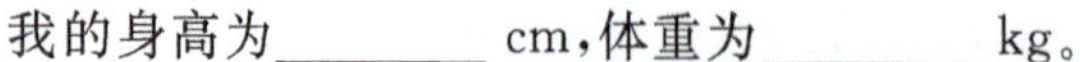

我的身高为________ cm,体重为________ kg。

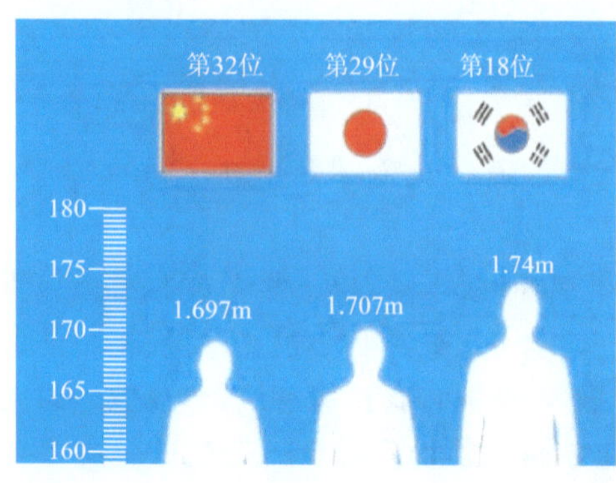

图 1-1

注:我国均值来源于 2005 年中国学生体质与健康调研结果。

提示:(1) 把自己身高测量结果画在图上,比较自己的身高值与我国均值的差异。(2) 每年测量一次,并进行比较,看看有什么变化。

了解自己的心理状态

序号	评 价 内 容	是	不是
1	我做事很难集中精力		
2	我觉得自己很难做出决定		
3	我经常感到有压力		
4	我觉得我战胜不了我面临的困难		
5	我觉得不开心或是沮丧		
6	我觉得自己是个没有价值的人		

提示:如果你的答案大多数为"是",说明你的心理状态不佳,需要适当调整。

了解自己的社会适应能力

序号	评 价 内 容	是	不是
1	我最怕转学或转班级,每到一个新环境,我总要经过很长时间才能适应		
2	在陌生人面前,我无话可说,以至于感到尴尬		
3	我最怕在班上发言,全班同学都看着我,我的心都快跳出来了		
4	如果有同学对我有看法,我就不愿意同他(她)交往		
5	和同学、家人相处,我经常固执己见,很少采纳别人的看法		

续表

序号	评价内容	是	不是
6	我不喜欢的东西，不管怎么学也学不会		
7	我不喜欢陌生人来家里做客，每逢这种情况，我都有意回避		

提示：如果以上这些描述经常发生在你身上，说明你的社会适应能力有待提高。

有的同学可能认为，健康就是没有疾病，即便心理状态不佳、社会适应能力不强，与健康也没有关系。这种理解是不全面的。世界卫生组织将“健康”定义为：“健康不仅仅是没有疾病或不虚弱，而是身体上、心理上和社会适应能力方面的良好状态。”

健康的状态可以想象成一个三角形：第一条边是身体健康，包括身体机能正常，没有疾病；第二条边是心理健康，包括正常的思维、感觉和情感等；第三条边是社会适应能力良好，也就是与他人关系良好，能积极参与社会活动。身心健康、心理健康和社会适应能力良好是相互联系的整体。忽视任何一个方面，其他方面都会受到影响，健康三角形就会不平衡，从而影响个体的健康。

请总结前面的测评结果，并思考：你的健康三角形是否平衡？

二、倡导健康的生活方式

根据调查统计，与发达国家类似，当前影响我国居民健康的主要疾病由过去的传染性疾病已经转变为慢性非传染性疾病。

主要慢性非传染性疾病的共同危险因素

危险因素	疾病			
	心血管疾病	糖尿病	癌症	呼吸系统疾病
吸烟	*	*	*	*
酗酒	*		*	*
体力活动不足	*	*	*	*
肥胖	*	*	*	*
高血压	*	*		
高血糖	*	*	*	
高血脂	*	*	*	

注：引自世界卫生组织，慢性非传染性疾病危险因素监测，2001年。

从表中可以看出，体力活动不足、吸烟、酗酒和肥胖等是导致慢性非传染性疾病的主要原因，这与人们的不良生活方式有着密切的关系。

健康的生活方式有利于身体健康，减少疾病；不健康的生活方式则会导致疾病，危害健康。慢性非传染性疾病虽然大多数发生在成年以后，但是产生这些疾病的重要原因——不健康的生活方式却是在儿童、青少年时期逐渐养成的。那么，我们应该如何改

变不健康的生活方式呢？

1992 年，世界卫生组织在《维多利亚宣言》中提出了健康的四大基石，即合理膳食、适度运动、规律生活、心理平衡。健康的四大基石对于改善人类的健康具有重大意义。对于青少年学生，健康的四大基石可以具体化为四个方面。

第一个方面，合理膳食，具体分为平衡膳食和良好的个人饮食行为。平衡膳食需要注意食物的多样化，减少脂肪的摄入，增加富含纤维食物的摄入；良好的个人饮食行为则需要按时一日三餐、食用新鲜的食品、少吃煎炸食品、少喝含糖饮料。

第二个方面，经常进行体育锻炼。坚持每天锻炼 1 h，持之以恒；循序渐进，保持运动量适宜，多做有氧运动；选择良好的运动场地，避免伤害事故发生；避免在雾霾天、受污染的环境中运动。

第三个方面，良好的生活习惯。做到不吸烟，不饮酒，拒绝毒品；按时作息，保证足够的睡眠；避免长时间看电视、上网、玩游戏。

第四个方面，健全的心理。正确认识和评价自己，提高调控情绪的能力，建立良好的人际关系，面对现实，适应环境。

你的生活方式是怎样的？你能够按照以上四个方面的要求来改变自己的行为习惯、增进健康吗？

三、怎样保持良好的健康状况

1992 年，世界卫生组织宣布：个人的健康和寿命，15%取决于遗传，10%取决于社会安定，8%取决于医疗条件，7%取决于气候，60%取决于自己。可见，健康和生命掌握在自己手中，关键看你如何对待自己，采取什么样的生活方式。

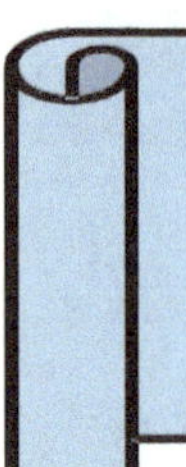

获取健康生活方式的“知、信、行”模式

- 获取健康知识，识别不良习惯
- 树立健康信念，坚定变革勇气
- 定制健康计划，采取有效行动

实践与体验

根据自身情况，提出改进生活方式的具体措施，如：坚持每天按时吃早饭；坚持每周进行两次以上的体育锻炼，每次 30～40 min。努力坚持一段时间，看看会有什么改变？请记录下你的感受。

我的改变是：

第二节　青少年学生的身心保健

在青少年这一阶段中，每个人可能都会遇到一些身体和心理上的新烦恼、新困惑。在本节的学习中，同学们将共同面对这些问题，学习应对的方法，保持身心健康。

一、自信是人生的基石

青春“自画像”

闭上眼睛，思考下面几个问题，在脑海中为自己画一张“自画像”吧。

1. 我的优点或缺点分别是________________________________。

2. 我最擅长和不太擅长的事情分别是________________________。

3. 我和别人最大的不同点是____________________________。

请你和同学分享一下，你的青春“自画像”是什么样子。有没有人认为自己全部都是闪光点，有没有人认为自己一无是处？

生活中没有“零缺点”和“零优点”的人。那些在各自领域取得一番成就的人绝非个个完美无瑕，但他们有一项共同的优点，那就是自信。自信是人生成功的基石。

自信来源于努力。一个人的自信不是凭空产生的，而是产生于不断克服困难、体验成功的过程中，建立在不断努力、自我提升的基础上。

知识链接

新时代知识型的产业工人——“蓝领专家”孔祥瑞

1972 年，初中毕业的孔祥瑞到天津港码头当了工人，多年来，他一直拼搏在生产一线，坚持在实践中学习，把工作岗位当成课堂，把生产实践作为教材，把设备故障作为课题，把身边怀有一技之长的工友作为老师，努力攻克了一个又一个技术难关。他所创造的 150 多项科技成果，为企业创造效益 8400 多万元。他的专利发明和技术改造，虽然没有高深的科技含量，但却可以弥补现代化设备的不完善之处；虽然不是惊天动地的科技创新，但是一点一滴都是从生产实践中来，可以使设备最大限度地发挥作用。孔祥瑞在为企业创造经济效益的同时，也使他所在部门的机械设备使用管理跨入同行业全国领先、世界一流水平。他本人也被评为全国劳动模范、2006 年度中华技能大奖获得者，并成为天津滨海新区奥运火炬传递的首棒火炬手。

“可以没文凭，不能没知识。”这是孔祥瑞最常说的一句话，也是他对自己这些年成长历程的总结。“掌握了科学技术知识的工人会更有力量”，努力钻研知识带给他坚定的信心，使他成为真正的专家。

自信来源于乐观。面对问题和失败，自信的人不会轻言放弃，而是告诉自己，我又找到一条远离失败、接近成功的通道。没有这样的乐观精神，很多事情就会半途而废，体验成功的喜悦更是无从谈起。自信的人从失败中找到成功的希望，满怀热情地继续努力，收获成功。

二、学会与他人交往

良好的社会适应能力是健康的重要组成部分。一个人的社会适应能力，正是在不断与他人的交往中培养起来的。

（一）求同存异、宽以待人

人世间找不出完全相同的两个人。人与人之间存在各种各样的差异，出现矛盾在所难免。和而不同、求同存异是与同伴、与社会和谐相处的方法。

“人非圣贤，孰能无过？”我们都可能无意中伤害过别人或受到伤害。这时候，真诚体谅、相互尊重、宽以待人才是上策。宽容别人同时也是宽容自己，懂得宽容的人才会有更多朋友。

当然，如果同伴的行为违反了学校的规章制度、社会公德或者国家的法律法规，应加以劝阻，不可同流合污。

（二）网络交往、趋利避害

打开互联网，就如同与更为广阔的世界“握手”。网络扩大了交往的领域、对象，也改变了交往的方式、规则。在现实生活中，我们常通过“听其言、观其行”来辨别一个人的品行，并判断是否与之继续交往，而网络交往对象则是看不见、摸不着的，有的人在网上表现得温文尔雅、善解人意，但在现实生活中他们真的如此吗？同学们在网络交往时，必须提高警惕，不要轻易泄露个人信息，仔细辨别网友提出的各种要求，切忌逃避现实生活而沉迷于网络，不可依赖网友来满足自己的情感需求。

（三）异性交往、坦诚大方

与异性交往是每一个人都无法回避的问题，青少年学生正处于性心理不断成熟的关键时期，深刻理解与异性交往的宽泛内涵，自然、真诚地交往，不断发现异性的特点和长处，提高自身修养，充实自己的人生，将促使自己逐渐走向成熟。

在与异性交往的过程中，遵循与异性交往的礼仪规范，才能成为有魅力的人。你不妨实践以下建议。

(1) 身体保持一定距离，行为举止不鲁莽，不暧昧。

(2) 面带微笑，温和地注视对方。

(3) 发现和欣赏对方的优点，真诚地赞美对方。

(4) 多参加集体、团队活动，结识更多的朋友。

(5) 避免过早密切接触。

(6) 遇到棘手问题时,学会沟通、协商,也可以向你信赖的成年人请教。

(四) 提高警惕、预防性侵犯

日常生活中,你是否遇到过以下情形?

(1) 有人对你说下流话,开下流玩笑。

(2) 有人触摸你身体的隐私部位或令你反感的部位。

(3) 接到色情骚扰电话或短信。

这些情形都属于青少年的性侵犯。其他形式的性侵犯还包括:性挑逗,暴露性器官,胁迫观看色情图像或进行色情拍摄,性暴力侵犯,胁迫进行性服务等。

同学们即将进入社会,随着交往范围的不断扩大,经常会接触到不同的人,在和他人交往时,无论是女生还是男生都要警惕潜在的危险。

你知道避免性侵犯时应注意哪些方面吗?请参考以下建议。

(1) 尽量不要单独去僻静无人、光线昏暗的地方。

(2) 不要单独和陌生人外出、搭乘陌生人的汽车,或随意允许陌生人到自己家中。

(3) 不要接受他人无故赠送的钱财及其他贵重礼物。

(4) 不要单独和异性在隐秘场所相处。

(5) 不要出入电子游戏厅、台球厅、歌舞厅、酒吧等娱乐场所。

(6) 陌生人和熟人都有可能实施性侵犯,对熟人同样要保持警惕。

遇到性侵犯,你该如何应对?

(1) 保持镇静、不要惊慌。

(2) 和对方周旋,寻找逃脱的机会;如不成功,利用一切可能的手段报警。

(3) 及时告诉你信任的成年人,寻求帮助。

(4) 主动向公安机关提供信息,依法惩治坏人。

(5) 及时去医院检查,尽早确认是否受伤、怀孕或感染疾病等。

(五) 避免不负责任的性行为

同学们即将走向社会,走向成熟,在今后的生活中将要独立面对人生的风风雨雨。成熟就意味着责任,同学们要学会对自己的行为负责。

发生性行为可能是因一时冲动,也可能是迫于无奈,但没有人可以替代你对自己的行为作决定,自己行为的任何后果都必须由自己全部承担。作为青少年学生,避免不负责任的性行为是成熟的表现,是真正值得自豪的做法。

未成年少女怀孕的不良影响

对　象	可能产生的不良影响
个人	(1) 健康风险加大,如:怀孕和分娩时胎儿死亡率明显增高;发生各种与怀孕有关的疾病(贫血、妊娠高血压综合征、大出血、盆腔感染等) (2) 对个人发展前途不利,如:个人名誉受到损害;失去继续受教育的机会

续表

对　象	可能产生的不良影响
家庭	(1) 加重家庭经济负担 (2) 影响未来婚姻关系
社会	(1) 弃婴增多,社会负担增加 (2) 因损失受教育的机会,个人为社会服务的能力下降

三、经期的卫生保健与体育锻炼

月经是女性的正常生理现象,但随之而来的一些不适感,给不少女性造成了困扰。因此,有些女性会把月经称为“倒霉”,这种说法是不科学的。

经期应格外注意保持外阴部清洁卫生,坚持和平时一样清洗外阴部,避免坐浴,以免污水进入阴道内。使用合格的经期卫生用品,注意勤换卫生巾。

经期出现腰痛、下腹部坠胀、易疲劳、嗜睡、情绪波动等均属于正常现象,不会明显影响血液循环、呼吸、代谢和肌肉力量等。因此,女生在经期同样可以参加适度的体育锻炼。有调查显示,科学适当的运动锻炼,能有效地改善盆腔血液循环,促进新陈代谢,减轻盆腔内淤血,有助于经血排出。

第二章　膳食、营养与健康

合理膳食是健康的重要基石之一，不同的工作环境对于营养也会有相应的需求。在享用各种美食的同时，按照平衡膳食的要求合理摄入各种适量的营养素，不仅能促进健康，而且对于保障学习和工作效率都具有重要的意义。

通过本章的学习，我们将了解营养与健康的关系，学会根据平衡膳食的要求和自身生活的实际情况科学饮食，增进健康。

（1）掌握平衡膳食的要求。

（2）根据学习、生活和工作的需要合理膳食。

第一节　营养素与平衡膳食

如果你能够活 80 岁或更长，你可能要吃 8 万多顿饭，你的身体或许将会消化掉约 40 吨或者更多的食物，这些食物经过消化吸收进入人体，通过新陈代谢来构成身体成分，维系身体各系统、组织、器官的正常运转，保障正常的生命活动。

一、营养素与健康

你知道人体所需要的营养素有多少种，它们都具有什么功能吗？目前已经证实人体必需的营养素多达 40 余种，人们通过摄入各种食物来获取必需的营养素，这些营养素对人体健康具有各自不同的功能，人体内某一营养素缺乏或过多，都可能引起生理功能失调或者身体组织结构受损。人体必需的营养素可分为蛋白质、脂类、糖类、无机盐、维生素五类。此外，维持生命还需要足量的水，而适量的膳食纤维对维持健康也是必要的。人体所需营养素的量与一个人生活和工作的状况密切相关。例如，从事重体力劳动的人需要通过摄入充足的脂类和糖类来获得足够的能量，而以从事办公室工作为主的人则应控制脂类摄入，多补充膳食纤维。体育活动使新陈代谢加快，消耗大量能量，维生素也会加速流失，并由于大量出汗而导致水分和无机盐的丢失，因此运动后要及时补充糖类、水分、无机盐和维生素。

各类营养素和膳食成分的主要功能和食物来源

营养素和膳食成分	主要功能	食物来源举例说明
蛋白质	人体细胞、激素、酶、抗体的主要成分;也可提供热能	动物性蛋白:肉、鱼、蛋、奶 植物性蛋白:大豆、米、面、坚果以及豆腐等豆制品
糖类	人体最重要的热能来源;参与构成机体组织	谷类、薯类,以及各种点心、零食
脂类	人体细胞的重要成分;供给热能;维生素的载体;合成激素	各种油类、禽肉类以及奶类食品
无机盐	构成人体组织的重要原料,维持和调节生命活动	不同种类无机盐的食物来源不一样,例如:铁主要来源于动物肝脏、瘦肉;钙主要来源于牛奶;碘主要来源于海产品、强化食品
维生素	构成辅酶,参与新陈代谢,如缺乏会导致疾病	不同维生素的食物来源不一样,蔬菜、水果、动物肝脏中含量较为丰富
水	占人体的70%,物质代谢的载体,各关节活动的润滑剂	补充水的最好方法是饮用白开水
膳食纤维	促进胃肠蠕动,预防便秘和结肠癌;降低餐后血糖,预防糖尿病	各种粗粮、蔬菜、水果

注:根据《中国居民膳食营养素参考摄入量》中有关资料整理汇总。

二、平衡膳食与健康

你知道应该如何通过饮食来增进健康吗?由于各类营养素需要由不同的食物来供给,因此平衡膳食是我们通向健康的重要途径。

知识窗

蔬菜的颜色与营养

蔬菜根据颜色及其深浅可分为深色蔬菜和浅色蔬菜。深色蔬菜富含胡萝卜素、核黄素、维生素C等,以及叶绿素、番茄红素、花青素等营养物质,其营养价值优于浅色蔬菜。

常见的深绿色蔬菜:菠菜、油菜、空心菜、西兰花、西洋菜、茼蒿、韭菜等。

常见的红色、橘红色蔬菜:西红柿、胡萝卜、南瓜、红辣椒。

常见的紫红色蔬菜:紫甘蓝、鱼腥草。

中国营养学会根据营养学原理,结合我国居民的膳食消费和营养状况,于2011年颁

布了新修订的《中国居民膳食指南》，针对一般人群共提出了十条建议，对人们安排日常饮食和身体活动有重要的指导意义。

中国居民平衡膳食宝塔

(一) 食物多样，谷类为主，粗细搭配

平衡膳食必须由多种食物组成，才能满足人体对营养素的需要。平衡膳食宝塔中共列出了五类食品，其中谷类食品是最基本的，每人每天应食用 250～400 g 谷类食物，16～18 岁的男生应达到 400～500 g。

(二) 多吃蔬菜、水果和薯类

蔬菜和水果是维生素、无机盐和膳食纤维的主要来源，不同品种所含营养素种类不同，含量悬殊，因此蔬菜和水果不能相互替代。推荐成人每天摄入量：蔬菜 300～500 g，最好深色蔬菜占一半；水果 200～400 g。

(三) 每天吃奶类、大豆或其制品

奶类和豆制品是优质蛋白的重要来源，奶类还可以补充钙质，根据膳食宝塔提示，每人每天应饮奶及奶制品 300 g，摄入 30～50 g 大豆或相当量的豆制品。

健康焦点

我的饮食合理吗?

请估算并记录每日的膳食情况，并进行总结：

我每日摄入的谷类食品大约________ g；

我每日摄入的蔬菜和水果大约________ g；

我每日摄入的奶制品大约________ g；

我每日摄入的豆制品大约________ g；

我每日摄入的肉类大约________ g。

你认为自己的饮食符合平衡膳食的要求吗？在哪些方面还需要改进？

(四) 常吃适量的鱼、禽、蛋和瘦肉

这类食品是优质蛋白、脂类、脂溶性维生素、B 族维生素和无机盐的良好来源。特别

是鱼肉的蛋白质含量高，所含脂类中有较多的不饱和脂肪酸，如二十碳五烯酸（EPA）和二十二碳六烯酸（DHA），对预防血脂异常和心血管疾病有一定作用。推荐成人每天摄入量：鱼虾类 50～100 g，畜禽肉类 50～75 g，蛋类 25～50 g。

（五）减少烹调油用量，吃清淡少盐膳食

应少吃油炸和熏制食品，每天食用油以 25 g 为宜，食盐不超过 6 g。

（六）食不过量，天天运动，保持健康体重

适宜的进食量和运动是保持健康体重的两个主要因素，是降低心血管疾病、糖尿病等发病风险的重要保证。

（七）三餐分配要合理，零食要适当

一日三餐中两餐之间的间隔时间以 5～6 h 为宜，早餐、午餐、晚餐提供的能量分配以 30%、40%、30%为宜，如果两餐间隔时间较长，可以食用一些零食，如核桃、瓜子等坚果类食品。

（八）每天足量饮水，合理选择饮料

健康成人每天需要水 2500 mL，部分可通过食物获取，其余可通过饮水来补充。对于仍然处于生长发育阶段中的同学们来说，白开水是最好的饮料，煮沸后自然冷却的水最容易透过细胞膜，促进人体新陈代谢。

（九）如饮酒应限量

若饮酒应尽可能饮用低度酒，并控制在适当的限量以下。建议成年男性一天饮用酒的酒精量不超过 25 g，成年女性一天饮用酒的酒精量不超过 15 g，孕妇、儿童和青少年应忌酒。

（十）吃新鲜、卫生的食物

食物放置过久会引起变质，可能产生对人体有毒有害的物质，吃新鲜、卫生的食品是防止食源性疾病、实现食品安全的根本措施。在购买和制作食物前都应认真查看食品的生产日期和保质期，并仔细观察、鉴别食物的新鲜度，在烹调加工食物时遵守有关的卫生要求。

三、青少年学生的营养需求与膳食

同学们当前的身体活动水平已接近成人，同时又处于生长发育的重要时期，所摄入的营养素不仅要供给学习、生活等生命活动的消耗，而且要满足生长发育的需要。如果膳食供给的能量长期不足，会出现疲劳、消瘦和免疫力下降等表现，影响学习和生活，因此需要从膳食中摄取足量的营养素，特别是蛋白质、无机盐、维生素等，但同时也要避免能量摄入过多所导致的肥胖。此外，青少年学生还应养成良好的饮食习惯。

（一）三餐定时定量，保证吃好早餐，避免盲目节食

调查发现，有些学生由于种种原因不吃早餐，这种做法会使得整个上午机体的血糖偏低，大脑能量供应不足，注意力下降。有调查发现，许多车祸都与肇事者的血糖水平过

低所导致的反应迟钝有关。从短期看不吃早餐会影响上午的学习效率,从长期看还会影响身体健康和生长发育。

有一些女同学,由于生长发育等因素,身材逐渐变得成熟、丰满,因而产生恐惧不安和羞涩的心理,进而采取了节食、吃泻药等极端的做法来减肥,这样不仅会造成营养不良、干扰身体的正常发育,甚至还会引起神经性厌食症,危及生命。

(二) 吃富含铁和维生素C的食物

由于生长发育的需要以及活动量较大,同学们需要摄入足量的铁、维生素C等营养素以避免贫血,特别是女生由于月经导致生理性铁丢失,更需要补铁。食用动物肝脏、瘦肉、黑木耳、大豆等富含铁的食物,以及新鲜番茄、柑橘、大枣、辣椒等富含维生素C的食物有利于铁的摄入和吸收。

(三) 每天进行充足的户外体育活动

进行户外体育锻炼,可以增强体质,保持健康的体重,预防肥胖。户外活动时还能接受一定的阳光照射,有利于体内维生素D的合成,促进骨骼健康发育。青少年应每天进行1 h的体育锻炼。青少年肥胖发生率的变化见图2-1。

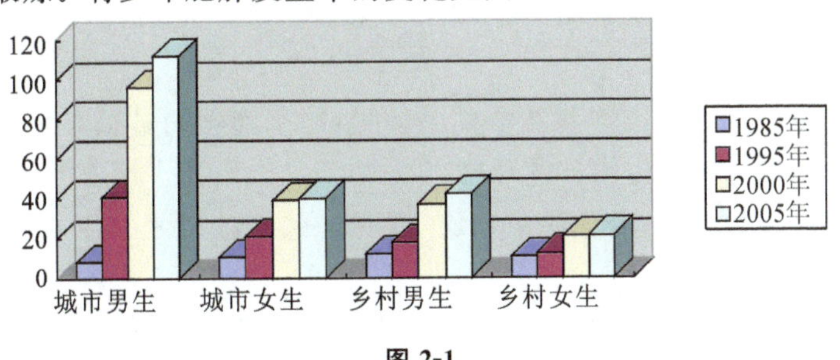

图 2-1

(四) 不吸烟、不饮酒

同学们的身体仍处在生长发育过程中,各系统、器官还未成熟,神经系统、内分泌系统、免疫机能尚不稳定,抽烟和饮酒对身体造成的不利影响会远远超过成年人,此外由于经济上不独立,吸烟、饮酒还会造成额外的经济负担。为保证健康,更好地完成学业,同学们应该做到不吸烟、不饮酒。

第二节　特殊情况下的营养与膳食

生活是绚烂多彩的,同学们今后所从事的职业也会多种多样。你知道不同的职业和工作环境,如重体力劳动或需要长时间使用计算机的职业对营养摄入都有什么要求吗?

一、高强度运动和较重体力劳动时的营养与膳食

不同的体力活动所消耗的能量不一样,因此对营养的需求也会有差别。对于14～17岁的青少年来说,体重56 kg的男生每日约需摄入12134 kJ(2900 kcal)的能量,体重

50 kg的女生每日约需摄入10042 kJ(2400 kcal)的能量。我国居民根据工作特点,其活动强度一般分为三级,各级所需要的能量均不一样。

我国居民活动水平分级建议及推荐能量摄入

活动水平	职业工作时间分配	工作内容举例	推荐能量摄入(18～49周岁)	
			男(65 kg)	女(58 kg)
轻	75%的时间坐或站立 25%的时间站着活动	办公室工作、修理电器钟表、售货员、酒店服务员等	10042 kJ/d	8786 kJ/d
中	25%的时间坐或站立 75%的时间特定职业活动	机动车驾驶、电工安装、车窗操作、金工切割等	11279 kJ/d	9623 kJ/d
高	40%的时间坐或站立 60%的时间特定职业活动	非机械化劳动、炼钢、舞蹈、体育运动、装卸、采矿等	13389 kJ/d	11297 kJ/d

注:根据《中国居民膳食营养素参考摄入量》中有关资料整理。

在业余训练或参加体育比赛等高强度运动时,能量消耗明显提高,身体中蛋白质的分解与合成代谢加快,水、维生素和无机盐的消耗和丢失增加。需要通过膳食来补充这些营养素和能量,并摄入充足的优质蛋白质,以确保健康。在营养与膳食安排上应注意以下几点。

(1) 在平衡膳食的基础上,增加肉、蛋、奶、大豆及其制品等优质蛋白质的摄入,但要避免“多吃肉,不吃主食”的饮食方式。

(2) 使用足量的新鲜蔬菜和水果以补充无机盐和维生素。

(3) 长时间运动前10～15 min根据环境温度和身体情况适量饮水,一般为300～500 mL;运动中可遵循“少量多次”的原则补水,长时间运动过程中间隔20～30 min饮水100～200 mL,注意不要大量饮用冷水,以免刺激胃和肠道,引发腹痛;运动后也应适当补水,但要避免一次大量饮用。

(4) 运动与就餐时间要合理安排。一般来说,正餐后应休息1～2 h再进行剧烈运动,而运动后1 h左右再进食较为适宜。

较重体力劳动时对营养的要求与高强度运动时的要求相似。

二、长时间使用计算机工作人员的营养与膳食建议

使用计算机时,大脑活动常处于高度紧张状态,神经细胞能量消耗增多、需氧量增加,长期使用计算机还会使身体受到的辐射增加,由于长时间注视电脑屏幕,眼睛也会受到一定的影响。针对这些特点,在饮食中应合理补充蛋白质和糖类,以及磷脂、维生素A、维生素C和B族维生素等。

(1) 多食含优质蛋白质和磷脂高的食物,如牛奶、肉类、蛋类、大豆及其制品等,特别

是蛋黄、鱼、虾、核桃、花生等，这些食物能提供磷脂，而磷脂是构成神经组织的重要成分，并直接参与脑细胞的代谢过程，有助于健脑。

(2) 吃充足的蔬菜和水果以补充多种维生素，特别是维生素 A、B 族维生素和维生素 C。维生素 A 能帮助保护视力，富含维生素 A 的食物有动物肝脏、猪腰、奶油、核桃仁、胡萝卜、西兰花、菠菜、芒果、芥菜、枸杞、番茄等；维生素 C 可以促进人体对铁的吸收，提高血红蛋白的含量，增加脑组织对氧的利用；B 族维生素能加强糖类代谢，为大脑活动提供更多能量，满足脑力劳动对能量的需要。

(3) 多吃含纤维素高的食物，如胡萝卜、芹菜、荠菜、菠菜、韭菜等，有益于肠道的健康。

(4) 适当饮用绿茶，以减少电脑荧光屏辐射对身体的危害，有条件的还可以补充螺旋藻。

(5) 少吃高脂、高糖的食物，并加强体育锻炼，改善体能，以预防糖尿病和心血管疾病。

知识窗

B 族维生素在代谢中的功能与膳食补充

B 族维生素就像一个团体一样，常常成群结队出现在食物中，而在人体中则是多种辅酶的主要组成成分。辅酶可以与特定的酶结合，使酶具有活性，帮助机体完成大量的物质代谢和能量代谢。

缺乏 B 族维生素时，容易产生记忆力减退、生长迟缓、食欲不振、头晕目眩等现象。在饮食中只要正常摄取各种谷物、豆类以及蔬菜、水果，并且适量食用瘦肉、动物肝脏、牛奶、鸡蛋以及粗粮等，就可以避免 B 族维生素缺乏。

第三章　运动安全与运动损伤的预防和处置

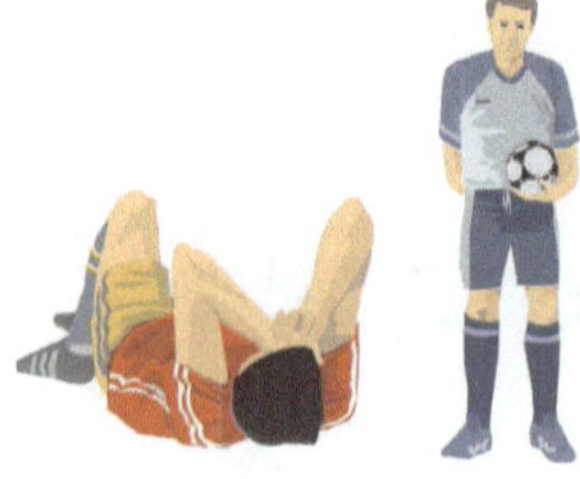

体育锻炼可以增强体能，强身健体，促进生长发育，延缓机体衰老，但如果运动方法不当，运动负荷超出机体的承受能力，或不注意体育锻炼中的卫生等，都有可能导致运动损伤或者出现运动性病症，使我们不仅享受不到运动的乐趣，还会影响身心健康，严重者甚至可能造成残疾。因此在体育运动中要积极预防运动损伤和运动性疾病的发生。

(1) 了解安全运动的原则。

(2) 掌握几种常见运动伤病的处理方法。

第一节　运动损伤的预防与急救

你知道运动损伤是如何发生的吗？在进行体育锻炼时应遵守哪些运动安全守则？发生运动损伤后应如何急救？学习本节内容后，就会有一些初步认识了。

一、运动安全守则

同学们在进行体育锻炼时应遵守运动安全守则，提高安全意识，克服麻痹思想，避免在运动中受伤，从而更好地享受体育带来的乐趣，不断提高健康水平。

(一) 充分了解自己的身体状况

进行体育锻炼时应根据每个人的具体情况，包括年龄、性别、生理特点、体质强弱、是否患有疾病等具体情况来安排锻炼的内容和运动量。参加健康体检和国家学生体质健康标准测试可以帮助同学们了解自身的身体健康状况。

(二) 合理控制运动负荷，避免运动过度

应根据自身的身体健康状况选择合适的强度进行体育锻炼，待体能水平提高之后再逐步增加运动强度，锻炼时可以采用靶心率等方法来监控锻炼的强度。

(三) 采用正确的动作要领和保护帮助方法进行练习

错误的动作或许不会让你马上受伤，但对于长期的健康将会有负面影响。例如，网球击球动作应该用大臂带动小臂，协调全身力量进行击球，保持腕关节肌肉适度紧张，假

如只用手腕发力击球，就容易导致腕肘损伤。

（四）集中精力、全力投入

在疲劳或体能下降时进行大强度的练习是运动损伤的重要诱因，在一些对抗性的练习中如果意志品质薄弱、过于放松或犹豫不决也容易导致损伤。

（五）切忌动作粗野或违反规则

在体育教学或课外体育活动中互相逗闹、嬉戏，不遵守纪律是造成伤害事故的重大隐患。

（六）选择安全的运动场所进行锻炼

进行锻炼的环境应保持干净、整洁、地面平整，尽量不要在狭小区域内锻炼，以免发生碰撞事故，特别要注意不要去危险或不明情况的水域游泳，此外还应避免在恶劣的气候条件下进行户外体育活动。

（七）运动时着装合理，并根据运动项目正确佩戴护具

要选择宽松、柔软、弹性好的运动服，冬季要注意保温，夏季要注意散热防暑，避免晒伤；要妥善放置钥匙、小刀等硬物，否则在进行运动，如前滚翻练习时，就容易造成伤害事故。

（八）合理安排体育锻炼

在体育锻炼前要做好准备活动，尤其是大强度的练习之前要进行充分的热身；在锻炼之后要进行放松活动，如缓慢拉伸相关的肌肉，以消除运动性疲劳。

（九）预防运动损伤的要求

掌握基本的预防运动损伤的知识与技能，提高预防运动损伤的意识，加强自我保护。

二、急性损伤的一般处理原则

任何人都不想在体育比赛或锻炼中受伤，但万一出现运动损伤该如何处理呢？掌握运动损伤的处理原则，能帮助你和同伴及时、正确应对突然的运动损伤，降低损伤造成的危害，减少伤者的痛苦。急性闭合性软组织损伤在 24～48 h 内为早期阶段，在此阶段进行科学的处置将减轻伤者的痛苦，促进损伤恢复。这一阶段的处理方法包括休息（rest）、冰敷（ice）、加压（compression）和抬高（elevation）四个步骤，常称为 RICE 原则。

1. 休息 让伤者停止运动，以最舒适的姿势休息，并采用适当的措施保护其不再受伤。不要轻易移动伤员，降低加重损伤的危险。

2. 冰敷 在受伤后的 24 h 内，针对患处用冰袋进行冷敷，或采用局部喷射冷冻剂，以及冷水冲淋等办法，使局部血管收缩，以减少出血和组织液渗出，减轻疼痛（图 3-1）。可将冰袋敷在患处，每次 10 min 左右（切勿太久，以免发生其他伤害），可重复 3～4 次，对于特别严重者，每隔 2 h 左右可重复进行一次。24 h 内不可在肿胀处进行热疗，待受伤症状（红、肿、热、痛）消失之后，方可转为热敷。

3. 加压 在受伤部位进行冷疗之前或之后，可采用绷带对患处进行加压包扎，以减

少患处的出血和肿胀，并固定患处（图 3-2），但不可绑得过紧，要注意查看受伤部位远端的皮肤颜色、温度及受伤部位的感觉，确保绷带没有压迫神经或阻断血流。

4. 抬高　在损伤后的 24～48 h，尽量使受伤部位抬高至高于心脏的位置（图 3-3），这有助于防止和消除肿胀。

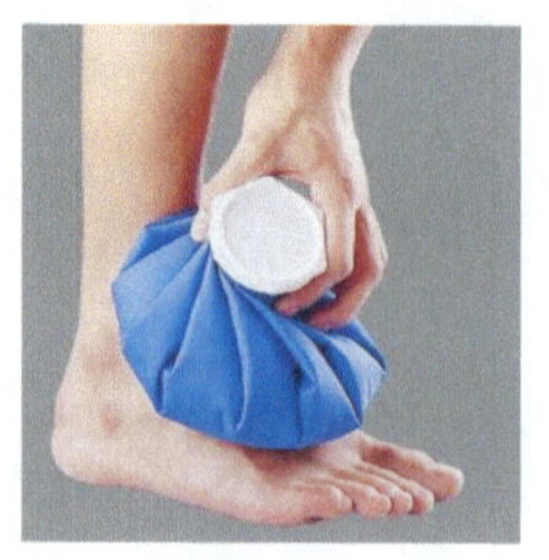

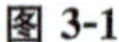
图 3-1

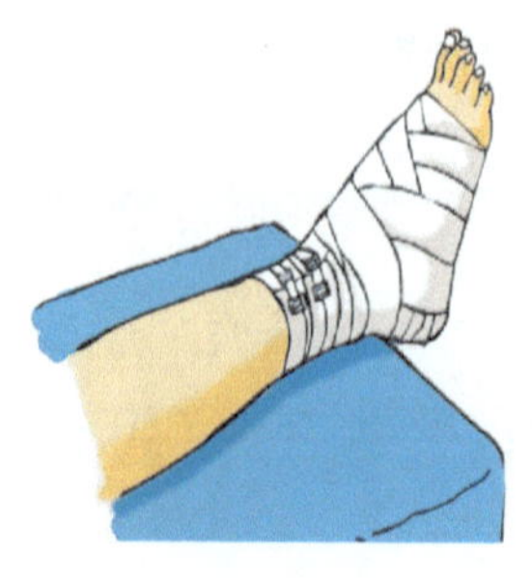

图 3-2

图 3-3

第二节　几种常见运动损伤的处理

一、擦伤

同学们，你们是否发生过擦伤？擦伤是一种常见的运动损伤，多由于皮肤组织受到摩擦，导致表皮出血或组织液渗出而引起。

处理方法：用生理盐水洗净创面，伤口周围用酒精或双氧水消毒，用红药水等涂抹伤口。伤口创面大、污染严重的要注射破伤风抗病毒血清。

二、肌肉痉挛

同学们，你们是否遇到过肌肉持续收缩成一团并猛烈牵拉关节，同时伴有剧烈疼痛的情况？这就是肌肉痉挛，俗称抽筋，多发生在小腿和足等部位，肌肉痉挛时所涉及的关节，其屈伸功能会有一定的障碍。肌肉痉挛常发生在长时间剧烈运动和大量出汗后，以及肌肉受到寒冷刺激时。

处理方法：不太严重的肌肉痉挛，只要朝相反方向牵引痉挛的肌肉，一般都可以使其缓解。牵引时切忌使用暴力，用力宜均匀、缓慢，以免造成肌肉拉伤，处理时要注意保暖。严重的肌肉痉挛有时要采用麻醉才能缓解。

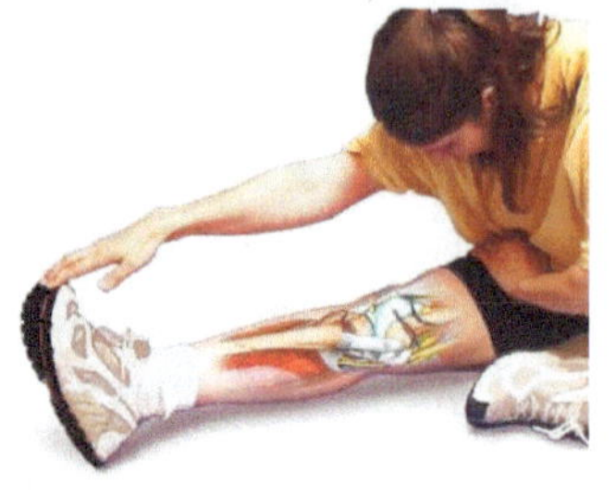

预防：加强锻炼，提高机体的耐寒能力和肌肉的耐力。冬季运动的时候注意保暖；夏季运动，尤其是剧烈或长时间运动的时候，要重视糖类和无机盐的补充。

相关链接

外伤出血应如何处理

人体在发生外伤出血时，应立即采取措施止血，否则在短时间内失血过多会引起失血性休克，甚至导致死亡。如果外伤出血后某处小血管喷流鲜血，在紧急时可用拇指或其余四指将出血血管靠近心脏一端压在骨面上，使血管闭塞而达到止血目的。身体表面有一些部位的动脉靠近骨面容易压住，最易压住的点叫压点。例如，前额部出血时，可用拇指压住耳屏前上方一指宽处。

如果四肢大动脉出血，可用弹性较好的橡胶管、橡皮带或绷带作止血带止血，但时间不要过长，一般 30 min 要把止血带松一下，以防止远端组织因缺血而坏死。

三、肌肉韧带拉伤

同学们，你们知道急性肌肉拉伤是怎么造成的吗？在运动过程中，当肌肉猛烈收缩而超过自身承受范围或被过度牵拉时就容易出现肌肉或韧带被拉伤。例如，100 m 起跑后加速用力后蹬时，以及跨栏时摆动腿前伸的同时猛烈弯腰都有可能造成大腿后群肌肉拉伤。拉伤会导致相应肌肉和韧带的剧烈疼痛，甚至影响行走，有“跛行”的现象，在重复导致损伤的动作时疼痛会加剧；受伤肌肉甚至有部分肌纤维或韧带断裂，断裂处有肿胀、红、热等现象。肌肉韧带拉伤常发生于短跑、跨栏、跳远、羽毛球、网球以及足球等项目中。

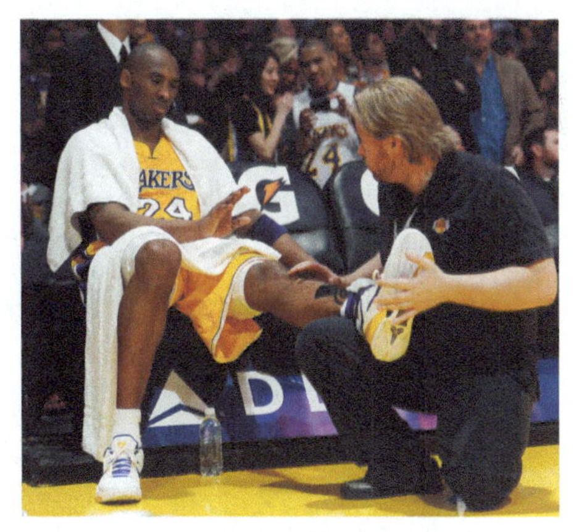

处理方法：严重者应送医院进行救治。受伤后的最初 24～48 h 为急性期，处理方法可采用 RICE 原则；24～48 h 后为恢复期，处理方法是配合热敷、加压包扎、按摩、康复训练或恢复性锻炼。一周后根据恢复情况可进行轻微的肌肉力量和柔韧性练习，做伸展运动时以不增加伤部疼痛为度。

预防：加强易损伤部位肌肉的力量和柔韧性练习，使相关肌肉的力量达到相对平衡，相关韧带的韧性加强；认真做好准备活动，充分热身；坚持循序渐进；选择适合自己的锻炼项目和环境，并不断提高自己的技术动作水平。

四、踝关节韧带损伤

踝关节周围肌肉组织相对不是很发达，主要依靠大量的韧带来维护关节的稳固性，同时踝关节还承担着全身的体重，是关节扭伤的多发部位，其中脚踝外侧的韧带最容易受伤，多发生在篮球、足球、跳远、跳高、滑雪和滑冰等运动项目中。踝关节受伤后几分钟局部便疼痛、肿胀起来，伤后几天出现青紫色的淤血斑，以后疼痛逐渐减轻。

处理方法：踝关节扭伤后应立即停止活动，冷敷，并适当抬高患肢，对于严重者应包扎固定。24～36 h 以后可以热敷，配合外敷活血散淤消肿止痛中药。根据扭伤严重程度，4 天以后可保持踝关节固定下地走路，并配合按摩、理疗，以及踝背伸和抬腿练习。1～2 周基本可痊愈。对于扭伤严重者需要送医院治疗。

预防：应重视踝关节周围肌肉力量和关节协调性训练，如负重提踵、跳绳等；日常锻炼前做好准备活动；在运动中保持正确的姿势。

想一想

运动中如何避免踝关节损伤？

缺乏自我保护意识是踝关节损伤的隐患，运动过程中注意以下几点能帮助你远离踝关节损伤。

(1) 运动前进行热身，使踝关节充分活动。

(2) 避免在不平整的地面或有小石块等障碍物的地方进行体育活动，特别是快速奔跑和跳跃。

(3) 跳起腾空时，保持好身体平衡，看清地面，避免落地时踩在球上或他人的脚上。

(4) 落地时屈膝缓冲，待平稳落地后再进行下一动作，避免因急于做动作而用力过猛导致受伤。

五、骨折

骨的完整性遭到破坏的损伤称为骨折。骨折可以分为闭合性骨折、开放性骨折和复杂性骨折。骨折多为受到强烈外力作用而造成，使肢体无法正常活动，同时由于断骨对周围组织的刺激以及局部肌肉的痉挛，会造成剧烈的疼痛，并出现肿胀和皮下淤血；开放性骨折的肌肉和骨骼受损，断骨与外界相通，还会造成严重感染。此外，当骨膜长期受到反复牵拉，虽然没有强烈外力作用，也可能导致疲劳性骨折。

处理方法：骨折时须尽快将骨折断端做临时固定，使伤部不再活动，以避免断端损伤周围血管、神经和其他组织，减轻伤员疼痛，并便于转送医院。

(1) 肱骨骨折的临时固定法：肱骨位于上臂，骨折后取适合的夹板置于受伤肢体的内外侧，用绷带固定骨折的上下两端，再用小悬臂带将前臂吊起，最后用绷带把伤肢绑在躯干上加以固定。

(2) 前臂骨骨折的临时固定法：将骨折的前臂掌侧和背侧各放一块夹板，用绷带绑扎固定后用大悬臂带悬挂于胸前。

(3) 股骨骨折的临时固定法：股骨位于大腿，较少出现骨折。股骨骨折固定时需要两块长夹板固定，外侧夹板自腋下至足底，内侧夹板自腹股沟至足底。用绷带 5～8 条逐段固定，外侧打结(图 3-4)。

(4) 小腿骨折的临时固定法：夹板两块从内外两侧分别固定，外侧夹板从大腿中部至足部固定，内侧夹板自腹股沟至足部固定，用绷带 4～5 条分段固定(图 3-5)。

图 3-4

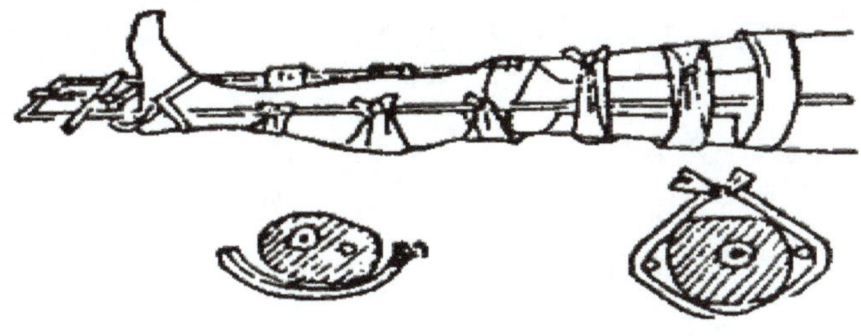

图 3-5

第四章　国家学生体质健康标准与发展体能

发展体能与每位青少年学生的健康和职业都有着密切的关系。提高体能水平，不仅是每个人健康、文明生活的物质基础，也是未来进行社会主义劳动建设的身体本钱，是社会发展的动力之一。那么，应该如何通过国家学生体质健康标准测试评价一个人的体能水平，又应该如何发展各项体能呢？

通过本章的学习，学生将掌握科学锻炼的方法，并在实践锻炼的过程中获得强健的体魄，为未来的幸福生活奠定基础。

(1) 了解国家学生体质健康标准测试的项目和评分方法。

(2) 掌握发展体能的基本方法。

(3) 能够有计划、科学地进行体育锻炼。

第一节　国家学生体质健康标准测试简介

国家学生体质健康标准测试的项目有哪些？如何进行评分？与同学们的学习生活有什么关系？在本节学习中，你将对这一标准有初步的了解，并通过测试引导自己积极锻炼。

一、国家学生体质健康标准测试的项目

国家学生体质健康标准测试的项目包括身高标准体重、台阶测试、坐位体前屈、50 m跑等15个项目，对应为14个评价指标，这些指标从身体形态、身体机能、身体素质和运动能力等方面综合评定受试学生的体质健康水平。这15个测试项目被分为五类，在每一年的测试中身高、体重、肺活量必测，其他测试项目选择一项。同学们在锻炼过程中要注意全面发展，避免测什么练什么的做法，这样才能更加健康地成长和生活。

国家学生体质健康标准评价指标与权重

评价指标(测试项目)	权重	备注
身高标准体重	0.1	必测
肺活量体重指数	0.2	必测
1000 m跑(男)/800 m跑(女)、台阶试验	0.3	选测一项
坐位体前屈、实心球、仰卧起坐(女)、引体向上(男)、握力体重指数	0.2	选测一项

续表

评价指标(测试项目)	权重	备注
50 m 跑、立定跳远、跳绳、篮球运球、足球运球、排球垫球	0.2	选测一项

注:身高标准体重的测试项目为身高、体重;肺活量体重指数和握力体重指数的测试项目分别为肺活量和握力,体重不重复测试。

在这些测试项目和指标中,有一些是国家学生体质健康标准测试中所特有的,以下将进行介绍。

身高标准体重:将身高与体重综合起来判定身体形态发育水平、营养状况以及身体匀称度的重要指标,可以间接反映人体的身体成分。

肺活量体重指数:肺活量是评价人体呼吸系统功能状况的重要指标,是心肺耐力的重要影响因素。为消除发育水平所导致的个体差异,在国家学生体质健康标准中采用肺活量体重指数进行评价。

肺活量体重指数＝肺活量(mL)/体重(kg)

握力体重指数:握力主要反映上肢肌肉力量发展水平,并且间接反映人的整体力量水平。握力体重指数反映的是上肢肌肉的相对力量。

握力体重指数＝握力(kg)/体重(kg)×100

台阶试验(图 4-1):能准确地评定人体心血管系统的功能,其评定指数值越大,说明心血管系统的功能水平越高;反之亦然。

被测者进行轻微强度的准备活动后开始测试,以 30 次/分的频率上下台阶(每上下台阶一次是四动,因此节拍器的节律是 120 次/分),持续 3 min 后结束,分别测量运动结束后 1～1.5 min、2～2.5 min、3～3.5 min 的三次脉搏数。

评定指数＝踏台阶上、下运动的持续时间(s)×100/2×三次测定脉搏的和

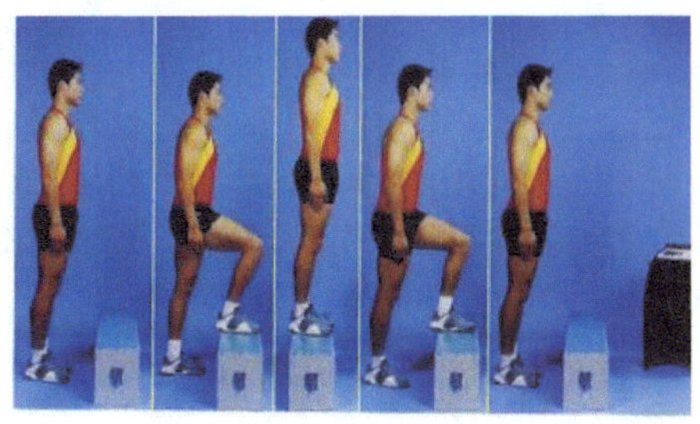

图 4-1

二、国家学生体质健康标准测试的评分办法

国家学生体质健康标准测试和评分采用百分制,将各项指标得分按权重合计即可得到总分,90 分以上为优秀,75～89 分为良好,60～74 分为及格,59 分及以下为不及格。毕业时体质健康标准的成绩和等级,按毕业当年得分和其他学年平均得分各占 50%之和进行评定。

相关链接

木桶理论与健康值

木桶理论提出,一只木桶盛水的多少,只取决于其中最短的那块木板。所以要想提高木桶的整体效应,当务之急是要下功夫增加最短木板的长度。

对于健康也同样如此,常常最弱的那一项或几项素质影响了整体的健康水平,因此,在参加体育锻炼的时候,同学们要准确地了解自己的各项体质健康水平,有针对性地提高自己的"短板"。

第二节　科学发展体能的方法

体能与身体健康有什么关系?发展体能对于今后的工作和生活有什么重要意义?有哪些方法能够提高体能水平?在本节的学习中,你不仅对体能会有更全面的了解,而且还能找到适合自己的体育锻炼方法。

一、体能与健康

体能是指人体各器官系统的功能在体育活动中表现出来的能力,常分为两类:与健康有关的体能、与运动机能有关的体能。健康是人类始终追求的目标。影响人体健康的因素多种多样,良好的体能,特别是与健康有关的体能始终是影响身体健康的重要因素。同学们正处在青春期发育的最后阶段,很多体能素质还处在迅速发展过程中。此外,在参加职业训练和实习时,可能会出现体能发展不平衡的现象,通过体育锻炼可以对身体起到一定的养护作用。

发展体能不仅是健康生活的重要保障,而且是未来参加工作的需要。下表中列出了有关专业的体质要求和锻炼方法,如果你有其他锻炼方法或建议也请填入表中。

有关专业的体质要求和锻炼方法

分　　类	所学专业	体质要求	锻炼方法和健身手段
加工制造类	金属加工、机械制造与安装等	一般耐力、动作协调性、平衡能力、准确性等	中长跑、器械练习、体操、球类运动等
能源、土木、水利工程类	工业与民用建筑、暖通、给排水、市政工程、电力工程等	肩背部力量、静力性耐力、灵敏性、平衡能力、协调性、高空作业能力等	平衡木、拓展训练、爬杆、乒乓球、健美操等
信息技术类	电子与信息技术、网络、软件开发、自动化控制等	手指灵敏性、反应速度、爆发力、动作准确性等	听信号跑、地掷球、眼保健操、球类运动等

续表

分　类	所学专业	体质要求	锻炼方法和健身手段
医药卫生类	护理、药剂、中西医康复保健等	应急应变能力、注意力的集中、动作灵敏性	运动保健、按摩、听信号跑、运动创伤与急救等
商贸与旅游类	导游、市场营销等	耐力、形体、反应速度、抗挫折能力、适应性等	艺术体操、体育舞蹈、韵律操、越野跑等
文化艺术类	播音与主持、音乐、舞蹈、工艺美术等	耐力、肺活量、适应能力、形体等	中长跑、野外生存、艺术体操、舞蹈等
交通运输类	道路桥梁、车辆船舶驾驶与检修、运输、航空服务等	上下肢及肩带力量、注意力的快速转换、一般耐力、复杂反应能力、协调性、游泳、抗眩晕能力等	哑铃、肋木练习、单双杠、篮球、乒乓球、野外生存、综合器械练习、游泳等
公共事务、财经类	公安保卫、文秘、会计、审计、统计、金融保险等	反应速度、耐力、爆发力、抗挫折能力等	助跑跳远、散打、拓展运动、长跑等
农林、资源与环境类	农业、畜牧业、地质勘探、环境保护等	定向能力、免疫力、适应性、耐力等	定向运动、越野、中长跑、拓展训练等

针对不同的体能要求，应采取相应的练习方法进行锻炼。在体育与健康课中，田径、体操等体育活动对提高与健康有关的体能有着独特的作用。为了掌握和提高运动技能则需要发展相应的与运动技能有关的体能来作为基础。当前的学习阶段是一个人塑造健康体魄、走向社会的重要时期，同学们应当全面发展各种体能，特别是与健康有关的体能，并结合所学的运动项目不断提高与运动技能有关的体能。

二、发展心肺耐力

随着社会发展，在工作中机械化和自动化的程度越来越高，对体力的消耗不断降低，在生活中便捷的汽车越来越多地代替了步行和自行车，很多人出现了身体活动量不足的情况，在学习和生活中仅仅是持续的轻微运动就出现气喘吁吁的现象。但在另一方面，为了提高生产效率，很多工作常常需要劳动者能够适应生产流水线的节奏，持续工作而缺乏间歇。良好的心肺耐力能够让人长时间地持续运动、学习和工作。

心脏、血管和肺是转运和分配氧气及营养物质的重要器官，心肺耐力与这些器官和组织的功能有着密切的关系。特别是运动时，机体所需的氧和能源物质增多，心肺的负担也相应加大。经常进行有氧锻炼的人，心脏每次能泵出更多血液，这些血液能够携带更多的由肺部吸入的氧并输送到身体各部分，满足全身新陈代谢的需要。

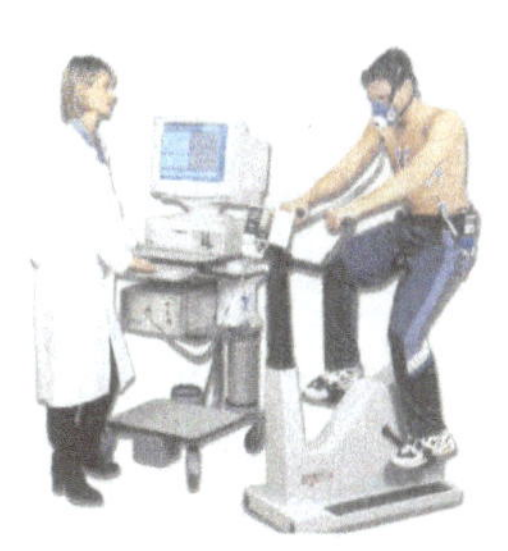

心肺耐力是指在持续性身体活动中循环系统和呼吸系统供应氧的能力，决定了全身大肌肉群进行运动的持久能力。良好的

心肺耐力是身体健康和积极有活力的生活状态的基础，通过有氧锻炼发展心肺耐力，可以有效预防现代社会的“头号杀手”——冠心病、动脉粥样硬化等心血管疾病。坚持进行有氧运动会有效地促进心肺耐力的提高。下表针对不同人所具备的体质健康状况和运动经验，分别给出了发展心肺耐力的锻炼方法和运动项目，同学们可以根据自己的爱好和实际情况进行选择。

发展心肺耐力的锻炼项目

体质健康状况和运动经验	锻炼项目和特点	实　　例
体质较弱 较少参加体育锻炼 运动技能水平较差	◇ 运动强度易于控制 ◇ 能量消耗较低 ◇ 不太需要运动技能	➢长跑 ➢快走、远足 ➢慢跳绳 ➢跑步机锻炼
体质一般 有时参加体育锻炼	◇ 运动强度能被控制在稳定范围 ◇ 需要一定运动技能 ◇ 项目动作常不断重复	➢游泳 ➢滑冰、轮滑 ➢骑自行车 ➢健美操
体质优良 经常参加体育锻炼 能承受剧烈运动	◇ 运动强度会有明显波动 ◇ 需要一定的运动技能 ◇ 能持续一段时间 ◇ 对抗性和趣味性强	➢乒乓球、羽毛球、网球 ➢篮球、足球

进行有氧运动可以有效地发展心肺耐力，提高锻炼效果的关键是采用适当的运动强度，用靶心率来控制运动强度是最为简便易行的方法，靶心率就是锻炼时应采用的强度所对应的心率范围，进行有氧运动时的心率如果处于靶心率区间内说明运动强度适宜。靶心率可以用最大心率的百分比来确定。

最大心率可以用年龄来推算：

最大心率(次/分)＝220－年龄

例如，某中职一年级学生年龄为16岁，那么他的最大心率为220－16＝204(次/分)。

靶心率的计算公式为

靶心率＝最大心率×强度百分比(65%～90%)

该同学的靶心率下限为204×65%＝133(次/分)，靶心率上限为204×90%＝184(次/分)，他的靶心率区间为133～184次/分。

如果在锻炼时心率达不到靶心率下限，那么锻炼对身体的刺激不足，是在浪费时间；如果超过靶心率上限，那么锻炼的强度太大，就不是在发展心肺耐力，而是在发展机体的无氧代谢能力。当然，在锻炼过程中还需要依据自己的实际情况来确定和运用靶心率，调控运动强度。如果是刚开始进行锻炼或原来的体质基础较差，应采用靶心率下限为标准进行锻炼；经过一段时间的锻炼再适当提高锻炼强度。进行有氧运动贵在坚持，每天锻炼时间应在15 min以上，最好能每周3～4次。

三、发展肌肉力量、肌肉耐力、爆发力

随着社会生产力的发展，强壮的肌肉已非就业的基本条件，但仍有很多职业岗位都对肌肉的力量素质有一定要求。例如：机械专业针对钳工、切削等职业工种需要发展肩带肌、躯干部肌肉力量和下肢静力性耐力等；建筑专业针对砌筑、安装、油漆等职业岗位需要发展肩带肌和下肢力量，特别是静力性耐力等。你将从事的职业是什么？是否也对力量素质有专门的要求呢？

力量素质，是人体最重要的身体素质。人体共有 600 多块肌肉，它们在神经系统的支配下，通过收缩和放松来完成身体的各种活动，因此肌肉力量与人的生活密切相关，通过力量练习可有效地发展骨骼肌的机能。

根据肌肉收缩的特点不同，肌肉的力量素质包括肌肉力量、肌肉耐力、爆发力三种。肌肉力量是指肌肉或肌群一次竭尽全力收缩对抗阻力的能力，也被称为肌肉的最大力量或绝对力量。肌肉耐力是指多次重复收缩而不疲劳的能力。以上两者密切相关，都是与健康有关的体能。爆发力是与运动技能有关的体能，是指极短时间内人体克服阻力的能力，也称快速力量，从某种意义上可看作是力量和速度的结合，立定跳远、推铅球等项目均能显示一个人的爆发力的大小。

不同的力量练习所产生的效果不尽相同，锻炼效果主要是由力量练习时所采用的强度和重复次数所决定的，力量练习的强度通常用所负荷的重量或最大力量的百分比来表示。

不同锻炼强度和组数的力量练习对肌肉的影响

强　　度	组　　数	练习效果
85%～100%最大值	3～4	发展肌肉的绝对力量
75%～90%最大值	3～4	发展肌肉体积和绝对力量
50%～70%最大值	4～5	发展肌肉的耐力

锻炼提示：

(1) 进行力量练习一定要循序渐进，不可盲目进行。

(2) 切忌长时间没有锻炼，突然心血来潮猛练，这样极易造成运动伤害。

(3) 每周进行 2～3 次力量练习，每次间隔 1～2 天，这样可以使疲劳的肌肉有充分的时间恢复。

(4) 每次练习时，要进行充分的热身。

(5) 每组练习之间要有足够的间歇时间，确保肌肉得到充分的休息，能顺利完成下一组练习。一般来说，90%最大力量强度的力量练习要间歇 3～6 min，而发展肌肉耐力的练习间隔时间可以短一些，0.5～2 min 即可。

（一）肩背部肌肉的锻炼方法

肩背部肌肉主要有背阔肌、三角肌等(图 4-2)。肩背部肌肉的锻炼能够提高肩关节的稳固性、塑造上体健美的倒三角形态，对于防止弓腰驼背，维持脊柱的生理弯曲，预防

肩背疼痛都有重要的意义。

练习：直立哑铃侧平举（图 4-3）。

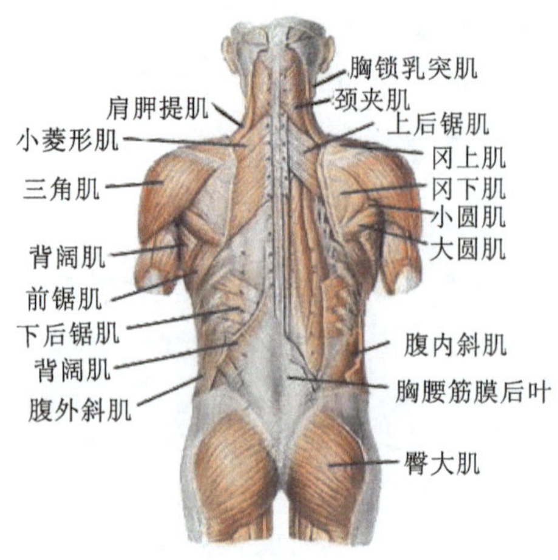

图 4-2

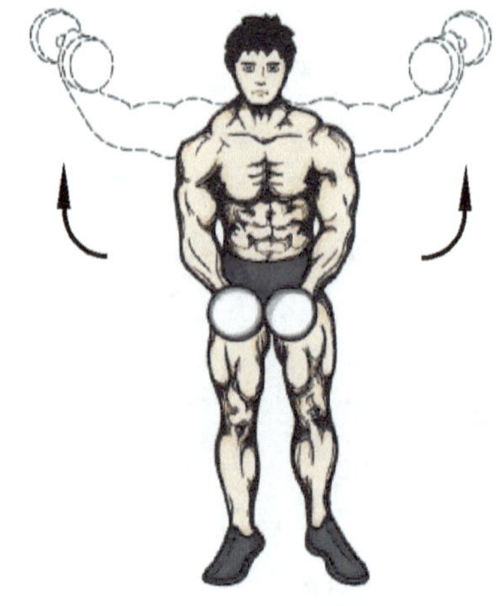

图 4-3

（二）腹部肌肉的锻炼方法

腹部肌肉主要有腹直肌等（图 4-4），它与腰部的肌肉一起维持躯干的稳定，腹部是排球扣球、足球掷界外球的发力部位之一。锻炼腹肌虽然不能直接消除腹部脂肪，但对改善体形，保持优美的身体姿态，预防腰痛有重要的作用。

练习：仰卧起坐（图 4-5）。

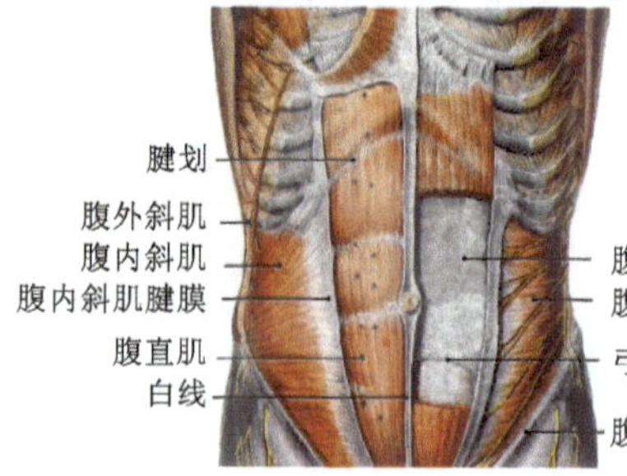

图 4-4

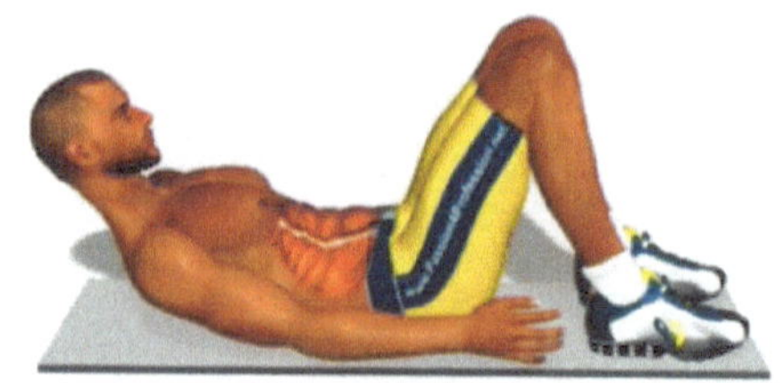

图 4-5

四、发展柔韧性

看到艺术体操比赛中运动员优美的动作时，你是否为她们的柔韧性而感到惊叹？当你想象今后的工作中可能要一整天都面对计算机伏案工作，或者需要长时间站立而不能坐下休息，你是否会感到脖颈酸痛、全身僵硬？良好的柔韧性和伸展练习能在一定程度缓解你的疲劳。

柔韧性是指身体各个关节的活动幅度以及跨过关节的韧带、肌腱、皮肤、关节周围的肌肉和其他组织的弹性和伸展能力。发展柔韧性是重要的与健康有关的体能。

各关节柔韧性的测试方法各不相同，具体方法可见下表。

不同部位柔韧性的测试方法

测试部位	测试方法	测试表现及评价		
		优秀，请保持	一般，需要锻炼	较差，加强锻炼
大腿后部及腰部	脱鞋，两脚并拢站立，膝盖伸直，身体前屈，用手触地	双手能够轻松触摸地板，大腿后部和腰部未感不适	双手碰到脚趾时就感觉不适	双手够不到脚趾，尝试时疼痛难忍
肩部	将右手伸向后背，左手横过后背够右肩胛骨，双手勾住	双手能勾在一起	之间几乎能碰到	之间相距 3 cm 以上，易患肩颈部疾病
髋部	坐在地板上，一腿伸直，另一腿屈膝抱于胸前，双手握在膝下外胫处	伸直的腿与臀部成一条直线，且能轻松抱膝于胸前	腿可以伸直，但偏向臀部外侧，可以抱膝于胸前	伸直的腿基本能碰地板，膝与胸相距数厘米
肩背部	平躺，腿伸直，双臂伸直上举，将双臂向后落到地板上	双臂轻松落地，腰部不上抬	双手勉强触地，腰部仍能接触地板	双臂与地板相距 2～3 cm，背部上抬
大腿前部	俯卧，一条腿伸直，另一条腿屈膝，脚跟向臀部靠近	脚跟能毫不费力地碰到臀部	脚跟距离臀部很近，几乎要相触	脚跟与臀部相距较远，易患膝部疾病
小腿和脚踝	坐在地板上，双腿向前伸直，勾脚尖	脚趾伸向身体，超过与地面的垂直线	脚趾伸向身体，与脚踝成一条直线，与地面垂直	脚趾较难向身体弯曲，脚踝易受损伤
	坐姿同上，伸脚尖，够向地板	脚趾几乎可以碰到地板	脚趾距地板约 3 cm 以内	脚趾很难伸向地板，易患胫骨骨膜炎

五、改善身体成分

身体成分是指人体总体重中脂肪成分的重量和非脂肪成分的重量的相对数量关系。简而言之，就是衡量一个人是否肥胖的指标。

身体成分与每个人的生活和工作息息相关，不仅关系到身体健康，还会影响到心理健康。在很多职业中，拥有健康挺拔的身体不仅能给别人留下良好的第一印象，而且能够使你精力充沛地开展工作，而过于肥胖常会使人付出更多的体力而导致疲惫不堪。

要着手减肥，首先要判断自己是否肥胖。判定肥胖的方法有多种，在国家学生体质健康标准中是通过身高标准体重的指标进行判定的，这一指标主要用于学生；此外，国际上通用的评价指标是体重指数(BMI)，体重指数的计算公式如下：

$$\text{BMI}=\text{体重(kg)}/\text{身高平方}(\text{m}^2)$$

世界卫生组织(WHO)对于亚洲成年人肥胖的判定标准如下：

WHO关于亚洲成年人BMI标准及其与相关疾病危险的关系

分　　类	BMI	罹患糖尿病、冠心病等的危险性
体重过低	＜18.5	低（但其他疾病危险性增加）
正常范围	18.5～22.9	平均水平
超重	≥23.0	—
肥胖前期	23.0～24.9	增加
Ⅰ度肥胖	25.0～29.9	中度增加
Ⅱ度肥胖	≥30	严重增加

测一测：请计算你是否肥胖？

（1）测量身高、体重：我的身高是________ m，体重是________ kg。

（2）计算：BIM＝体重/身高平方＝________。

（3）查表，得出结论：________。

如果计算出来你的BMI已经达到25以上，那么你就要格外注意了，因为那意味着你罹患冠心病、糖尿病的概率正在增加，但不要过分担心，通过体育锻炼和控制饮食可以使体重下降，使BMI反转，从而保持健康的身体。体育锻炼是降低体重、消除多余脂肪、改善身体成分的重要手段，锻炼的关键是坚持进行中低强度、持续时间较长的体育活动。所采用的锻炼方法和项目与发展心肺耐力的一致，但在练习强度和时间上有所区别，请分析下表，看看有何异同。

发展心肺耐力和减轻肥胖的锻炼要素对比表

		发展心肺耐力	减轻肥胖
靶心率/（次/分）	男	130～180	110～140
	女	125～175	105～135
持续时间/min	男	＞20	＞45
	女	＞20	＞45
锻炼频率/（次/周）	男	3～4	7
	女	3～4	7

运动生理学研究表明：在运动时保持较低的锻炼强度，使运动持续的时间越长，就越能充分利用身体中的脂肪分解供能；同时通过科学饮食来减少热量的摄取，就能减少身体的脂肪含量，改善身体成分。锻炼和控制饮食相结合是降低体重的最佳方法，也就是“既要运动自己的腿，又要管住自己的嘴”。在坚持锻炼的基础上科学饮食，使每天摄入的热量低于或等于消耗的热量，就一定能降低体脂百分比，提高健康水平。

六、发展与运动技能有关的体能

如果说与健康有关的体能是一个人健康生活的基础，那么与运动技能有关的体能则有助于表现出人类的“更快，更高，更强”。

与运动技能有关的体能除了前面介绍过的爆发力之外，还包括敏捷、协调、速度、反

应时和平衡能力等。

灵敏：指人体在复杂的条件下，快速、准确、协调地变换身体姿势和运动方向并能随机应变的能力。可用立卧撑、象限跳等来评价。要想在篮球运动、足球运动等测试中取得好成绩，需要较好的灵敏素质。

协调：指人体各部分肌体或肌肉在动作中的配合能力，它对田径、体操、篮球、排球、足球等项目尤为重要。要想在篮球运球、足球运球、排球垫球、跳绳等测试中取得好成绩，需要较好的协调素质。

速度：指在单位时间内，全身或者身体的任意部位从一个位置快速移动到另一个位置的能力。速度在运动中有三种表现形式：反应速度、动作速度以及位移速度。可用50 m跑来评价速度素质。

反应时：指的是机体从受到刺激到开始反应的时间，它与速度素质中的反应速度密切相关。常见的实验室测试方法有光反应时评定、声反应时评定、手反应时测试、足反应时测试、选择反应时评定。

平衡能力：指人体维持身体稳定姿势的能力。可用闭单眼单足立进行评定。

虽然不同的体能各有侧重，但有些体能是互相促进，或者是互为基础的，而要完成一项技术动作常常需要很多项体能作为基础。人作为一个有机整体，应该全面发展各项体能，才能更好地掌握运动技能，形成专长，从而积极地投入到体育活动和锻炼中，促进全面的健康。

第三节　制订体育锻炼计划

良好的体能是长期坚持锻炼的结果，一份科学的锻炼计划能帮助你提高锻炼的针对性并引导你坚持锻炼。应该怎样制订锻炼计划呢？本节将给你一些行之有效的方法和有益的启示，希望你能从制订和实施体育锻炼计划开始，规划好自己的人生，做到健康工作50年，幸福生活一辈子。

一、制订体育锻炼计划

结合自身的实际，有计划、有步骤、有针对性地锻炼，并配合以合理的营养才能有效地促进健康。你平时是否注意锻炼的科学性，你的锻炼是否能够有计划地进行，请参照下列问题做出回答，评价自己参加体育锻炼的计划性。

体育锻炼计划评价内容

序号	评价内容	是	不是
1	除了体育课，我很少参加体育活动		
2	我在锻炼之前没有进行过体能测试和评价，不了解		
3	我很想参加体育锻炼，但不知道应该选择哪些项目		
4	我总是凭自己的兴趣参加体育活动，没有明确的目标		

续表

序号	评价内容	是	不是
5	我不太了解我将要从事的职业有哪些方面的体能要求		
6	我尽量参加体育锻炼活动，经常筋疲力尽		
7	我锻炼的时间没有规律，有时一整天，有时一两个星期不活动		
8	我很想参加体育活动，但是运动技术太差，不好意思参加		
9	我常常在清早进行大负荷的体育锻炼，早上上课无精打采		

如果你的回答大多数都是“是”的话，说明你参加体育锻炼缺乏计划性，请认真学习这一节的内容，它将有助于引导你制订可行的锻炼计划，更好地强身健体。

制订锻炼计划应根据体育锻炼的基本原则，结合个人的具体情况，包括职业特点、体能水平、性别、学习生活的作息规律、兴趣爱好、个人运动技术水平、生活条件以及锻炼目的等安排锻炼计划。以下是制订锻炼计划的基本途径：

(1) 制订前对自己的体能、健康状况等进行检查与评价；

(2) 根据检查结果和个人从事的职业特点确定锻炼的计划；

(3) 根据检查与测试结果和锻炼目标设计锻炼计划；

(4) 按照计划积极进行锻炼；

(5) 对锻炼过程进行评价；

(6) 适当修订锻炼计划；

(7) 按修订后的计划进行锻炼；

(8) 经过一段时间，如半个学期或一个学期、学年之后再次进行评价，检查锻炼效果。

不同的专业对于体能的要求各不相同，因此，对于同学们来说，在制订锻炼计划的时候，应结合所学专业的特点，合理设定锻炼目标，选择恰当的锻炼方法(对于自己所学专业的体能要求和相应锻炼方法可参考前表)，通过锻炼增进健康，并促进就业。

二、体育锻炼的 FIT 监控原则

制订具体的锻炼计划时，需要考虑运动的次数(frequency)、强度(intensity)和时间(time)这三个因素，使体育锻炼更加有针对性和实效性，这就是 FIT 原则。

(1) 次数：在一个周期内，如一周中进行身体锻炼的次数。不同的体能对于锻炼的次数要求不同，柔韧性的练习要求每天进行，而发展力量的练习隔天进行一次即可。根据有关要求，青少年学生应当坚持每天锻炼 1 h。

(2) 强度：发展体能的关键，过高或过低都难以达到预期的效果。对于有氧运动来说，常用心率来控制强度，一般保持在 65%～90%的最大心率强度为宜。对于力量练习来说，多采用负荷的重量、组数、每组个数来控制强度。

(3) 时间：每次练习的时间。如为了降低体脂、改善身体成分的运动就需要持续较长时间才能获得较好的效果。

第五章　田　　径

田径运动是人类的基本活动，在运动史上，田径运动具有最古老、最悠久的历史（田径起源于公元前776年古代的奥林匹克运动会）。回顾古代人类生活，人类为求生存，必须奔跑于山野、跳跃河沟、投掷木石，以猎取食物或抵抗外敌，所以说，现代人的跑、跳、掷等各种动作或运动，对古代人而言，是一种生命的保障、御敌自卫及直接生产的技术。

古希腊的奥林匹克运动会，是为了万能的神“宙斯”所举行的祭典竞技，在祭典竞技中把生产技术之一的跑、跳、掷等运动，在一定规则上竞争其成绩，由于逐渐规则化以后脱离了原来的生产关系，而单独演变成为如今的运动之母——“田径”。

田径运动是比速度、比高度、比远度和比耐力的体能项目，或要求在很短的时间内表现出最大的速度和力量，或要求在很长的时间内表现出最大的耐力，最能体现奥林匹克“更快、更高、更强”的格言。

田径运动能较全面和均衡地发展学生的身体素质，是各项运动的基础。在竞技体育行列，田径项目又享有“得田径者得天下”之美誉，是奥运会的第一金牌大户，各国都高度重视；在群众体育方面，它因具有广泛的群众性，锻炼价值高、场地器材简单而深受广大人民群众的喜爱。正因为它在体育运动中的特殊作用，所以田径课程一直被列为体育专业中的基础课程、必修课程和骨干课程。田径教学与训练也是我校的主干课程。

田径的训练也是身体力量素质的训练。

（1）了解田径运动的特点与要领。

（2）掌握田径运动的训练方法。

（3）了解各类田径运动的竞赛要领。

第一节　力量素质训练方法

力量素质是指肌肉在工作时克服内外阻力所表现出来的能量和耐力。力量素质是人体进行体育运动的基本素质之一，是获得运动技能和取得优异运动成绩的基础。同时也是其他身体素质发展的重要因素。在教学、训练以及自我训练中，应科学、系统地增强上、下肢及躯干肌肉群的力量素质。

一、上肢力量

上肢力量训练主要是发展手腕、小臂（前臂）、大臂（上臂）、肩部等部位的肌肉力量。常用的训练方法如下。

（1）持哑铃练习：哑铃推举、哑铃体前平举、哑铃前平举、哑铃俯立侧平举、哑铃扩胸、哑铃两臂交换摆动、哑铃侧平举、哑铃前臂屈伸、哑铃体前臂交换推、哑铃臂环绕。

（2）徒手练习：墙手倒立、墙手侧立臂屈伸、俯卧撑、俯卧撑推起击掌、指卧撑、仰卧撑。

（3）双人练习：

① 牵拉：两人面对面站立，两腿前后分开，两人的同侧脚相对顶住，同一侧的手互握，两手同时用力牵拉对方，一方的脚离地为失败。

② 抗阻力臂屈伸：两人面对面站立，两手指交叉互握，做抗阻力的臂屈伸练习 20～30 次。练习时两人的脚均不得离地。

③ 推小车：练习者直接俯撑，身体挺直，同伴握其双脚跟抬起他的身体，做快速的双手撑地向前爬行练习，也可攀台阶。

二、下肢力量

下肢力量训练主要是发展髋部（骨盆部）、腿部（大、小腿）、足部（踝关节）等部位的肌肉力量。

1. 常用的训练方法

（1）徒手练习：静力半蹲、单腿蹲起、单足跳、纵跳、屈体跳、侧向跳、挺身跳、立定三级跳、多级跳、蛙跳、跳起抱膝、跳起转身。

（2）双人练习：驮人跳、小腿力量对抗、拉手单足跳、侧弓步交换跳、挂肘跳、跳人马。

2. 专项训练方法

（1）弓箭步交叉跳。要求动作幅度大的要向上蹬力强，动作幅度小的要动作频率快。

（2）前后左右并步跳。要求蹬地快，前后左右变向时要有随髋动作。

（3）垫步半蹲向前、后跑。要求两腿配合协调，后腿提起，频率快。

（4）并步半蹲，左、右移动跑。要求左右起动快。

（5）弓箭步起蹬、回蹬。要求中等速度完成动作，节奏明显。

（6）膝关节弯曲左右蹬地。要求后跟提起，中速完成。

（7）全蹲前、后、左、右弓箭步跳。要求变换方向时，髋的动作要明显。

三、躯干肌肉群（腹、背肌）力量

躯干肌肉群（腹、背肌）力量的一般训练方法和专项训练方法基本相同。常用方法有以下几种：徒手练习、仰卧起坐、仰卧举腿、仰卧两头起、仰卧蹬伸、俯卧体后屈、仰卧起坐转体、俯卧体后屈转体。

力量训练的具体方法如下。

(一) 蛙跳

蛙跳主要锻炼的是股直肌和大腿肌肉。练习每组15～20次，每次练习3～4组，每组间歇60～90 s。做完后要有放松活动。蛙跳可以很好地增强腿部力量。

具体方法：两脚分开成半蹲，上体稍前倾，两臂在体后成预备姿势。两腿用力蹬伸，充分伸直髋、膝、踝三个关节，同时两臂迅速前摆，身体向前上方跳起，然后用全脚掌落地屈膝缓冲，两臂摆成预备姿势。

(二) 高抬腿跑

高抬腿跑的主要作用是训练腿部爆发力，提高下肌肉群的蹬撑能力和持续的无氧运动能力。长期练习可以起到增强腿部力量，扩大步幅，增强髋关节、膝关节、踝关节等下肢关节的力量、柔韧性、协调性。

高抬腿跑的动作要领如下。

(1) 上体正直或稍前倾，两臂前后摆动。

(2) 大腿积极向前上摆到水平，并稍稍带动同侧髋向前，大小腿尽量折叠，脚跟接近臀部。

(3) 在抬腿的同时，另一腿的大腿积极下压，直腿足前掌着地，重心要提起，用踝关节缓冲。

高抬腿跑的具体动作：双手叉腰、上身挺直、目视正前方，双脚直立，先抬右脚使大腿与小腿成直角，然后右脚下蹬左脚抬起，左脚大腿与小腿亦成直角，依此姿势两脚交替在原地跑步。在原地高抬腿跑的过程中，上身应始终保持挺直。每次锻炼时间在5 min左右，运动频率在每分钟50次左右，可根据自己的身体情况，由缓到快逐步推进。

(三) 跨越式跳高

跨越式跳高为急行跳高姿势之一，是跳高过杆技术中最早采用和最简易的一种，即从侧面直线助跑，用离杆远的一腿起跳。腾空后，摆动腿先越过横杆后内旋下压，两臂稍后摆，使臀部迅速移过横杆，同时上体前倾并向横杆方向扭转，接着起跳腿高抬外旋，完成过杆动作。过杆后身体侧对横杆，用摆动腿先着地。

1. 简介 跨越式跳高的创造者是罗伯特·柯奇(英国)，他于1864年创造了这种方法，当时成绩为1.70 m，当时历史最好成绩为1.89 m。这是一种简单的跳高方式，简单易学，适合初学者练习。学生在学校里大多使用这种方法。最初采用的是跨越式，在跨越式跳高的发展过程中，还派生出转体跨越式和挺身跨越式。挺身跨越式又称为半剪式，著名的罗马尼亚女运动员巴拉斯就以此姿势，在1958—1961年这三年的时间里12次打破世界纪录，最高纪录是1.91 m。

2. 技巧 跨越式跳高由助跑、起跳、腾空过杆、落地等紧密衔接的四个部分组成。

助跑采用侧面直线助跑，左侧助跑者右腿为起跳

腿，左腿为摆动腿，右侧助跑则相反。助跑应逐渐加速，起跳时用起跳脚全脚掌着地，摆动腿稍屈膝积极向前上方摆起，当摆过横杆后，向杆下内转下压，两臂下垂。过杆时，躯干向横方向侧倒并向起跳腿方向扭转，两臂上举，同时起跳腿迅速向上高抬，完成跨越动作。过杆后，身体侧对横杆，用摆动腿先落地，接着起跳腿落地，稍有缓冲。

跨越式跳高的起跳角度是30°～45°，起跳路线是直线，步点可以在起跳点开始反向助跑，起跳点在横杆的外侧30 cm处。

先在横杆中间外侧30 cm左右的地方确定起跳点，然后跑7～8步，用力起跳的那一点就是起跳点，然后跳几次。如果起跳点太靠近，则将起跳点向后移动相应距离；如果起跳点太远，则将起跳点向前移动相应距离。经过反复练习，就可以找到适合自己的步点。

（四）跳远

跳远的规则如下。

助跑：身体任何部位均不得触及起跳线以后地面。

起跳：身体任何部位均不得触及起跳线以后地面；不得在跑道外起跳。

腾空：不得采用任何空翻动作。

落地：不得在落地过程中触及落地区（沙池）以外地面，而区外触点较区内最近点离起跳线近。

完成试跳后，不得向后走出落地区。

丈量成绩时，应从运动员身体任何部位触地的最近点至起跳线或其延长线，丈量线应与起跳线或其延长线垂直。

1. 助跑

（1）开始：用力蹬地，两臂大幅度摆动。

（2）开始方式：

① 半蹲式和站立式（稳定性高）。

② 进行行进间起跑（轻松自然，步长不稳定）。

③ 中段助跑：上身正直或稍前倾，用力蹬地，摆动腿向前上方摆动，用前脚掌落地。

（3）最后几步：积极加速，节奏轻快。

（4）倒数第二步：步长要长，减少脚落地制动。

（5）最后一步：步长要短，速度要快。

速度越快的运动员，所需的助跑距离越长。

2. 起跳

（1）以脚跟向下，全脚掌有弹性地踏上起跳跑。

（2）踏板时，起跳腿髋、膝、踝关节充分蹬伸。

（3）摆动腿快速摆动成水平。

（4）起跳时，上身向前上方伸展，起跳腿同侧臂向前上方摆动，摆动腿同侧臂向后上方摆起，并保持姿势。

3. 腾空 腾空动作的作用如下。

（1）保持身体平衡，进行有利于落地的准备动作。

（2）充分利用身体移动的轨迹。

4. 落地

（1）落地前，两膝向胸部靠拢，完成团身动作，两臂向前下方伸展。

（2）将落地时，伸小腿脚尖勾起，两臂后摆。

（3）落地时用脚跟着地，屈膝缓冲，两臂前摆。

（五）掷实心球

1. 握球和持球 握球的方法：两手十指自然分开，把球放在两手掌，两手的食指、中指、无名指和小指放在球的两侧将球夹持(男生两食指接触，女生两食指中间距离为 1～2 cm)，两大拇指紧扣在球的后上方成“八”字形，以保持球的稳定。握球后，两手下垂自然，置于身体前下方，这样可以节省力量，在预摆时增大摆动幅度。握球和持球时应注意：①球应握稳，两臂肌肉放松；②在动作过程中能控制好球并有利于充分发挥两臂、手指和手腕的力量。

2. 预备姿势 两脚前后开立，前脚掌离起掷线 20～30 cm，前后脚距离约一脚掌，左右脚间距离为半脚掌，后脚脚跟稍微离地，两手持球自然，身体肌肉放松，重心落在两脚中间偏前，眼睛看前下方。

3. 预摆 预摆是为最后用力提高实心球的初速度创造良好条件，预摆次数因人而异，一般是1～2 次，最后一次预摆时，此时球依次从前下方经过胸前至头后上方，加快球的摆速，此时上体后仰，身体形成反弓形，同时吸气。

4. 最后用力 最后用力是投掷实心球的主要环节，动作直接影响球的初速度及抛球角度。最后用力动作是当预摆结束时两手握球用力积极从后上方向前上方前摆，此时的动作特点是蹬腿、送髋、腰腹急震用力，两臂用力前摆并向前拨指和腕，旨在提高手臂的鞭打动作速度。

（六）立定跳远

立定跳远技术动作由预摆、起跳、腾空、落地四个部分组成。

1. 掌握动作技术要领

（1）预摆：两脚左右开立，与肩同宽，两臂前后摆动，前摆时，两腿伸直，后摆时，屈膝降低重心，上体稍前倾，手尽量往后摆。要点：上下肢动作协调配合，摆动时一伸二屈降重心，上体稍前倾。

（2）起跳及腾空：两脚快速用力蹬地，同时两臂稍屈由后往前上方摆动，向前上方跳起腾空，并充分展体。要点：蹬地快速有力，腿蹬和手摆要协调，空中展体要充分，强调离地前的前脚掌瞬间蹬地动作。

（3）落地缓冲：收腹举腿，小腿往前伸，同时双臂用力往后摆动，并屈膝落地缓冲。要点：小腿前伸的时机把握好，屈腿前伸臂后摆，落地后往前不往后。

2. 立定跳远的辅助练习

（1）挺身跳：原地屈膝开始跳，空中做直腿挺身动作，髋关节完全打开，做出背弓动

作，落地时屈膝缓冲。

（2）单足跳前进练习：一般采用左（右）去右（左）来的方法进行练习，距离控制在20～25 m，完成3～4组。

（3）收腹跳练习：从原地直立开始起跳，空中做屈腿抱膝动作或双手在腿前击掌，落地时一定要屈膝缓冲。

预摆不协调。解决办法：反复做前摆直腿后摆屈膝的动作，由慢到快。

上体前倾过多，膝关节不屈，重心降不下去，形成鞠躬动作。解决办法：做屈膝动作，眼睛往下看，垂直视线不超过脚尖，熟练后就可不用眼睛看了。

腾空过高或过低。解决办法：利用一定高度或一定远度的标志线来纠正这类错误效果很好。

收腿过慢或不充分。解决办法：反复做收腹跳的练习，注意，是大腿往胸部靠而不是小腿往臀部靠，击掌动作要及时。

落地不稳，双腿落地区域有较大的差异。解决办法：多做近距离的起跳落地动作，手臂的摆动要协调配合。地面设置标志物，双脚主动、有意识地踩踏标志物。

第二节　4×100 m接力跑

接力跑，是田径运动中唯一的集体项目。以队为单位，每队4人，每人跑相同距离。其起源有多种说法，有的认为源于古代奥运会祭祀仪式中的火炬传递，有的认为与非洲盛行的“搬运木料”或“搬运水坛”游戏有关，也有的认为是从传递信件的邮驿演变而来的。

4×100 m接力跑是分道进行的，接棒者可以在接棒区前10 m内起跑。接力棒必须拿在手上，直到比赛结束为止。任何人掉了棒，必须由其本人拾回，而且要在不影响别人的情况下，方可越出自己的跑道以拾回接力棒。所有接力跑赛事，必须在接棒区内完成交接棒。“接棒区内”的判定是根据接力棒的位置，而不是根据参赛者的身体或四肢的位置。任何参赛者在传接棒完毕后故意越出跑道以妨碍其他参赛队伍，其队伍可以被取消资格。

一、比赛场地和规则

比赛场地为标准 400 m 场地，内突沿外沿半径为 36.5 m。每条跑道宽 1.22 m(包含右侧分道线)，分道线宽 5 cm。跑进的方向为左手靠内场。分道编号应以左手最内侧分道为第一分道，即赛跑按逆时针方向进行，环形跑道从内向外依次是第一至第九分道。

400 m 及 400 m 以下(包括 4×100 m 和 4×400 m 接力跑的第一棒)各径赛项目的起跑必须使用起跑器。其他径赛项目的起跑采用站立姿势。起跑器连接着起跑监视器，以帮助发令员确认起跑是否犯规以及对起跑犯规负有责任的运动员。

接力赛规则：4×100 m 接力跑是分道进行的，接棒者可以在接力区前 10 m 内起跑。见图 5-1。

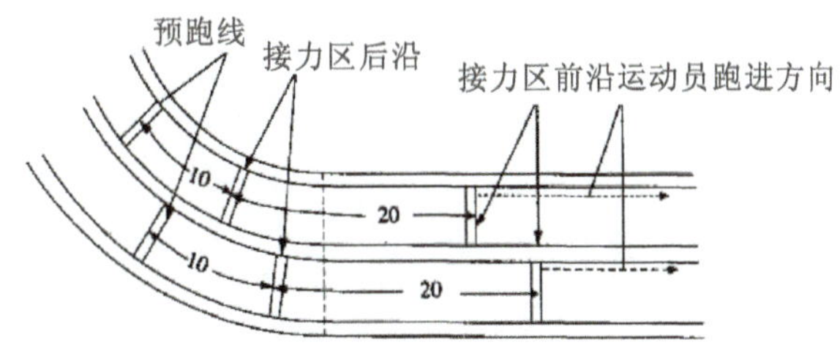

图 5-1

接力赛中，运动员必须在 20 m 的接力区内完成交接棒。接力区内的判定是根据接力棒的位置，而不是根据参赛者的身体或四肢的位置。在 4×400 m 接力跑中，第一棒全程及第二棒的第一弯道是分道跑，第二棒运动员要跑至抢道线后方可自由抢道。第一棒的传接必须在参赛者指定的跑道内进行，其余各棒的传接，裁判员根据第二及第三棒运动员通过 200 m 起点处的先后，按次序让其第三及第四棒的队友在接力区内，由内至外排列等候接棒。所有接棒者均不可在接力区外起跑。

接力棒必须拿在手上，直到比赛结束为止。任何人掉了棒，必须由其本人拾回，而且要在不影响别人的情况下，方可越出自己的跑道以拾回接力棒。

二、比赛要点

(1) 一棒：要反应快起跑好，起跑速度也快，对发令枪有反应灵敏。

(2) 二棒：相对弱些，运用接力区让他少跑距离。

(3) 三棒：要跑弯道好(跑 400 m 的最好)。

(4) 四棒：冲刺好(最快的)、信心强的，即使落后了，对他也影响不大，在比赛中往往可能有超常发挥。

注意事项如下。

(1) 接力区可以好好运用，速度快的尽量跑的距离远些。交接棒的时候，先起跑，背身接棒可以提高速度。

(2) 交接棒要事先交代清楚，交棒之后，两个人的跑位要安排好，不能撞到一起。最

好试跑一下，以免掉棒。

(3) 赛前要相互鼓励，前三棒的队员要知道，无论你是领先还是落后，都必须尽力地快跑，为后面的队友争取时间。

赛前热身：

(1) 先慢跑，微出汗就可以。

(2) 做压腿、压腰、转体、抻肩等活动，将相关的关节、韧带、肌肉都活动开。

(3) 做二三个 30 m 的加速跑。

以上内容在比赛前 20 min 做完。

传接棒的方法：第一棒握右手、下端，第二棒左手，第三棒右手，第四棒左手。

接棒运动员与传棒运动员相距大约 15 m 开始加速（小学生水平，距离可根据实际情况调整），不要看后面的运动员，待传棒运动员接近后，发出提示音，比如喊一声“接”，接棒运动员立刻从后下方伸出与传棒运动员相反手，传棒运动员从上方将棒上半部分压在接棒运动员手掌上，接棒运动员握住后可加全速。

第三节　短跑与中长跑

一、短跑

速度很显然是影响短跑成绩的一个重要因素。以 90%～95%的强度进行 20～60 m 跑，每组跑 4～5 次，每次休息 3～6 min，进行 2～3 组，将有助于提高速度。同时，改变短跑的起跑姿势，采取站立式、转身式和行进间起跑，也有助于提高速度。上面这种提高速度的训练，应在质量良好，即平坦、干燥、硬度适中的道面上进行。温暖的天气将有利于提高这种训练的效率。寒冷的天气不利于进行这种训练，但在完成适当的准备活动后也可以进行。

发展步频的训练手段：摆动腿快速、大幅度地做前后摆动练习，要求在快速摆动中完成合理的折叠技术，摆动腿大小腿折叠得越紧，半径越小，摆速越快。

加快脚掌着地速度练习，要求尽可能地缩短腾空时间。

快速摆臂、摆腿练习，要求腿、臂动作协调进行。

1. 发展步长的方法　负重换腿跳、负重大步走、负重跑、负重跳台阶、跑台阶、大幅度跨步跳（要求摆动腿积极下压和小腿由前向后积极着地）、蛙跳、单足跳等练习，提高跑时的后蹬能力。与此同时，采取高抬腿跑、拉橡皮条高抬腿“车轮跑”、收腹跳等训练手段，提高摆动速度，并且采取其他一些训练方法和训练手段，加强髋关节的灵活性和肌肉的伸展性。

2. 发展反应速度和动作速度的训练方法

(1) 发令或听信号(口令、掌声等)的蹬起跑器的练习；半蹲踞式姿势，听到枪声迅速向上跳起并触及高物。

(2) 最快速度的摆臂练习，持续时间 5～20 s。

(3) 最高频率的各种形式的高抬腿跑，持续时间 5～10 s。

(4) 最快频率的小步跑、半高抬腿跑，距离 30～40 m。

(5) 快速后蹬跑，完成距离 50～100 m(计时、计步)。

(6) 快速跨步跑，完成距离 50～100 m(计时、计步)。

(7) 快速单足跑，完成距离 30～60 m(计时、计步)。

(8) 直立姿势开始，逐渐向前倾斜接着快速跑出。

(9) 在 2°～3°的斜跑道上，快速完成上坡或下坡加速跑练习，距离 40～50 m。

二、中长跑

(1) 注重中长跑技术动作的分解。在学习中长跑时，最初先分解技术动作：首先学习原地摆臂，结合呼吸节奏：两步一呼、两步一吸，或三步一呼、三步一吸的正确呼吸方法，使呼吸节奏与动作节奏协调地配合；再结合小步跑、后蹬跑、高抬腿跑等转入快速跑；然后练习弯道跑，身体向内沿倾斜，左脚前外侧着地，右脚内侧落地，左臂离身前后摆，右臂前内往外摆，最后把这些动作连贯起来。

(2) 注重训练的密度和运动量。在正常情况下，中长跑训练脉搏应控制在130～150次/分，最高不能超过 170 次/分。一般情况下，匀速的长时间跑是不易疲劳的，但可使心脏长时间维持在一定水平工作，从而得到锻炼；而较长距离的间歇跑练习，强度就要提高了。

第六章　足　　球

（1）了解足球运动的起源与发展。

（2）掌握足球基础动作。

第一节　足球运动的起源、发展、特点及锻炼价值

一、足球运动的起源与发展

足球运动是一项古老的体育活动，源远流长。经历了古代足球游戏和现代足球运动两大历史阶段。

中国古代把脚踢球叫“蹴鞠”。在我国两千多年以前的文字记载中，当时的足球就叫“蹴鞠”，蹴就是踢的意思，鞠就是球。当时的球是用兽皮做的，里面装有毛发之类的东西，用来进行踢球游戏。蹴鞠活动在我国经历了汉、唐、宋、元、明、清多个朝代。

在西方，公元10世纪以后，法国、意大利、英国等一些国家有了足球游戏。到公元15世纪末有了“足球”之称，后逐渐发展成现代的足球运动。1863年10月26日，英国的11个足球俱乐部在伦敦成立了世界上第一个足球运动组织——英国足球协会，并统一了足球规则，人们称这一天为现代足球的诞生日。从1900年的第2届奥运会开始，足球被列为奥运会正式比赛项目，但它不允许职业运动员参加。1904年5月21日，国际足球协会联合会（简称国际足联）在巴黎成立。1930年起，每4年举办一次世界足球锦标赛（又称世界杯足球赛），比赛取消了对职业运动员的限制。现代足球运动是世界上开展得最广泛、影响最大的运动项目，有人称它为“世界第一运动”、“运动之王”。

二、足球运动的特点

足球运动是以脚支配球为主，两个队在同一场地内进行攻守的体育运动项目。足球运动的主要特点如下。

（一）参加比赛的人数多、集体性强

足球比赛由两队共22人参加，每队有11名队员。场上的11人思想要统一，行动要一致，攻则全动，守则全防，整体参战的意识要强。只有形成整体的攻守，才能取得比赛的主动权及良好的比赛结果。

（二）争夺激烈，对抗性强

足球运动是一项竞争激烈的对抗性项目，比赛中双方为争夺控制权，达到将球攻进对方球门、而又不让球进入本方球门的目的，展开短兵相接的争斗，尤其是在两个罚球区附近时间、空间的争夺更是异常凶猛，扣人心弦。一场高水平的比赛，双方因争夺和冲撞倒地次数多达200次以上，可见对抗之激烈。

（三）比赛场地大、时间长、运动负荷大、技战术复杂、难度大

足球比赛中，运动员要在约8000 m^2的场上奔跑90 min，跑动距离少则6000 m，多则10000 m以上，而且还要伴随完成上百个有球和无球的技术动作，因而运动员的能量消耗是很大的。足球运动在技术上种类繁多、战术上变幻莫测，比赛中运用技战术时要受对方直接的干扰、限制和抵抗。技战术要依据赛场中的具体情况而灵活机动地加以运用和发挥。

（四）趣味浓厚，容易开展

除正规比赛外，场地和球门可大可小，参加比赛的人数可多可少，足球竞赛规则比较简练，器材设备要求也不高，而且不受季节和气候变化的影响。因而是全民健身中一项易于开展的群众性的体育运动项目。

三、足球运动的锻炼价值

足球对促进身心发展的价值主要有以下几个方面。

（一）能全面发展人的身体素质，提高人体各器官系统的功能，增强人的体质

足球运动是全面锻炼和健全体魄的良好手段，是全民健身活动中一项行之有效的体育运动项目。经常从事足球运动，可以提高人们的力量、速度、灵敏度、耐力、柔韧性等身体素质，并能使人的高级神经活动得到改善，尤其能增强人体的心血管系统、呼吸系统等内脏器官的功能，从而促进人体的健康。

（二）能改善人的心理素质

通过参加足球运动的比赛，能提高人的注意力、观察力、想象力和思维能力，改善人的心理素质，提高人的心理健康水平。

（三）能培养人的优良品质

经常从事足球运动，不仅对自身良好性格的形成能产生巨大的影响，而且还可以培养人的意志、自制力、责任感及勇敢顽强、机智果断、坚韧不拔、勇于克服困难、团结协作、密切配合、集体荣誉感、守纪律等思想品德。

第二节　足球技术动作

一、脚内侧踢球

踢定位球时，直线助跑，支撑脚踏在球的侧后方 15 cm 处，膝关节微屈，踢球腿以髋关节为轴向后向前摆动。在前摆过程中膝盖外转，踢球脚内侧与出球方向约成 90°，脚尖稍翘起，小腿加速前摆，脚掌与地面平行，脚腕用力绷紧，用脚内侧部位踢球的后中部。见图 6-1。

图 6-1

二、脚内侧停地滚球

接地滚球时，支撑脚正对来球方向，膝稍屈。当触及球时，接球脚向前下轻压，将球接于身前。来球力量大时，接球脚可稍后撤，以缓冲来球力量将球接在脚下。脚内侧切压停球的要领，是当球运行到支撑脚的侧后方或前侧方时，停球脚以脚内侧切压球的后上部，同时稍压膝。

三、脚内侧踢空中球

大腿在踢球前先抬起，小腿拖在后面，脚内侧对正出球方向，利用小腿的摆动平敲球的中部。如要踢出低球或高球，可触球的中上部或中下部。

四、脚内侧停空中球

根据来球的高度，将停球脚举起，脚内侧对准来球路线，脚与球接触的一刹那开始后撤。在后撤过程中用脚内侧接触球，把球控制在衔接下一动作需要的位置上。脚内侧停反弹球时，支撑脚踏在球的落点的侧前方，膝关节弯曲，上体稍前倾并向停球脚方向微转，同时停球脚提起并放松，用脚内侧对准球的反弹路线。当球落地反弹刚离地时，用脚内侧触球的中上部。

五、脚背内侧踢定位球

沿着与球成 45°角的斜线助跑，支撑脚踏在球的侧后方约两脚处，膝弯曲，以脚掌外侧着地支撑体重，上体稍向支撑脚一侧倾斜，踢球脚自然后摆。踢球时，以大腿带动小腿，呈弧形迅速前摆，脚稍向外转，脚面绷直，脚趾扣紧，脚尖斜指前下方，以脚背内侧触球的后中部（图 6-2）。踢球后，腿随球摆出。

图 6-2

第七章　篮　　球

篮球运动是1891年由美国马萨诸塞州斯普林菲尔德市基督教青年会训练学校体育教师詹姆士·奈史密斯(James Naismith)发明的。篮球运动因其本身特有的魅力，深受人们喜爱，所以很快在全世界传播开来。1895年传入我国天津。1932年成立了国际业余篮球联合会(简称国际篮联)。1936年男子篮球运动成为奥运会正式比赛项目。1976年第21届奥运会增加了女子篮球项目。1992年第25届奥运会向职业篮球球员敞开了大门。篮球运动在中国广为普及，深受广大青少年的喜爱。

对于体育教学中的篮球运动来讲，它就是一项集体对抗的球类游戏项目。它的特点是具有集体性、对抗性、趣味性。除了具有一般运动项目的锻炼价值外，篮球运动复杂多变的比赛过程，能提高神经系统的灵活性，进而提高大脑的分析综合能力和应变能力。竞争对抗的游戏形式，能提高学生参与的兴趣，培养学生的体育情感，以及学生的顽强拼搏精神，提高学生的自信心和心理自我调控能力。比赛中的集体配合，可以培养学生的团队精神，提高学生正确处理人际关系的能力。篮球技能的掌握可以增加人的运动经验积累，并为今后学习其他运动项目提供一定帮助。

(1) 获得篮球的基础知识，学习和应用篮球运动技能，掌握篮球运动的安全常识和处置方法，安全地进行篮球运动。

(2) 能测试和评价体质健康状况，掌握有效提高身体素质、全面发展体能的知识和方法，合理地安排饮食，形成健康的生活方式，具有健康的体魄。

(3) 初步掌握篮球运动的基本技术和了解简单的战术。

第一节　篮球基本技术

篮球技术是篮球比赛中所运用的各种特定动作方法的总称，是篮球比赛的基础。篮球技术又分为进攻技术和防守技术两大部分(图7-1)。

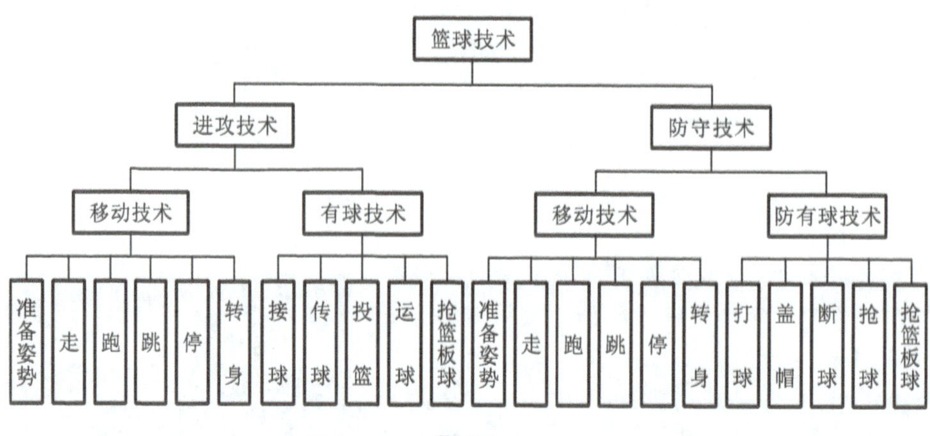

图 7-1

一、熟悉球性

篮球运动是深受人们喜爱的运动项目之一，它在全世界范围内得到了广泛的开展和普及。为了尽快地发展篮球事业，应进一步提高篮球教学和运动训练水平。手控制球的能力是篮球运动中的重要技术环节。对球性的熟悉程度直接影响其水平的高低，对运用熟悉球性练习进行准备活动进行了尝试，实践证明，此方法科学合理，有明显效果，它既丰富了准备活动的内容，又促进了教学质量的提高。熟悉球性练习作为连续系列的准备活动内容，每个阶段或每次课的内容不应千篇一律，它不是单纯以“耍球”和“玩球”为目的，而必须结合学生的实际水平、教材内容和教学目的进行合理安排，以激发学生们的学习热情和练习情绪。这样，除了完成身体准备活动练习以外，才能更好地调动学生们的积极性，在思想、情绪和技术上做好充分准备，保持旺盛的精力和浓厚的学习兴趣，促使学生自觉积极、聚精会神地完成教学任务。下面简单介绍一些熟悉球性的方法。

1. 双手弹拨球(图 7-2)

图 7-2

2. 单手或双手抛、接球(图 7-3)

图 7-3

3. 持球各部位(如头、颈、腰、腿)绕环

腰间绕球见图 7-4。

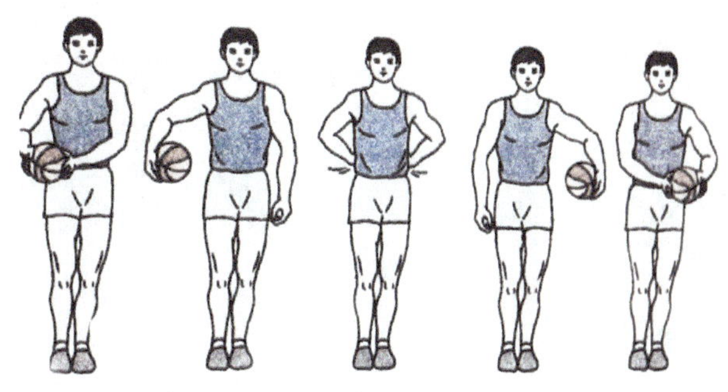

图 7-4

二、运球

运球(图 7-5)是篮球运动必需的基本技术之一,要把运球练好,基本的球感一定要好,好到不用看球都可以控制球,好到闭着眼睛都能运球绕着自己的身体,好到要球往东它绝不会往西等;反过来说,假如没办法运好球,经常要看着球来运球,或者,一直担心球被抄而背对队友运球,甚至对方一压迫就收球等,就要另寻途径,多传球少运球了。

所以,要提升控球技巧,就要多做些球感训练,这会让你的运球更精致。

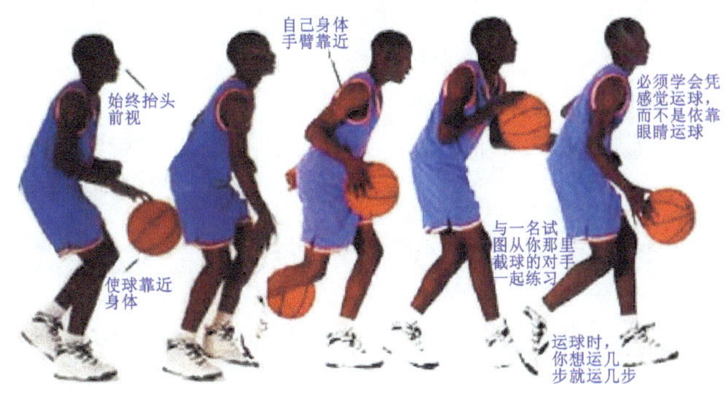

图 7-5

（一）低运球技术

如果运球接近防守队员或防守队员来抢球，运球队员应改用低运球突破对手，用身体保护球，并善于运用假动作摆脱防守。

动作要领：两脚前后开立，两膝弯曲，上体稍前倾，抬头看前方，重心落在前脚下掌上，手腕放松，手掌与地面平行，五指自然分开。用手指和指根按、拍球。手心空出，以肘关节为轴，前臂做上下伸压动作，结合手指、手腕缓冲球向上反弹力量，以控制球的高度和落点，一般运球落点应为运球手同侧脚的外侧稍前。运球高度在膝关节以下，为了保护球，运球者应该使球、自己和防守者三者保持一条线，不运球的手臂要抬起。行进间低运球，向前时要拍球的后半部；向左变向时拍球的右半部；向右侧则反之。见图 7-6。

图 7-6

（二）高运球技术

高运球技术多用于快速运球，提高运球高度，加大反弹距离，与快速奔跑相结合。

动作要领：膝微屈，上体稍前倾，目视前方，手按球的后半部，球的落点在人的侧耳前方（根据速度快慢决定运球距离远近），球的反弹高度在腰胸之间，手脚要协调配合（图 7-7）。这种运球身体重心较高，便于观察场上情况。

图 7-7

（三）运球急起急停

当对方防守盯得很紧，不能用快速运球超越对手时，可运用运球速度上的突然变化，急停、急起，摆脱对手，或原地于静止状态运球，突然加速超越对手。关键是动作突然，人球一致。

动作要领：运球急停要领与不持球急停相同。运球急停时，手拍按球的上方稍靠前，使球与地面呈垂直反弹，用异侧臂和身体保护球。

起动时，后脚下前脚掌偏内侧用力蹬地，上体前倾，重心前移，同时拍按球的后上方，利用起动速度，超越对手。

（四）体前变向换手运球

队员在行进间快速运球，不与对手接近或对手迎上堵截，可选用改变运球方向来突

破对手。

动作要领：(以从对手右侧突破为例)当快速直线运球即将接近对手时，先向对方左侧运球，使对手误认为向其左手突破，当对手堵截左方或重心稍有移位时，运球队员立即向左侧变向，右手按球的右后上方，将球由自己的右侧运至左侧前方，同时右脚迅速向左前方跨出，脚下落点在对手右脚侧面，脚下尖向前，右脚跨步的同时上体向左转，用肩背挡住对手，然后换左手按球后上方，同时左脚用力蹬地、加速，超越对手。

(五) 持球突破

1. 原地持球突破　动作要领：(以左脚为中枢脚下从防守右侧耳突破为例)准备姿势是两脚左右开立，两膝微屈，持球于胸前，突破前应先做瞄篮或其他假动作吸引防守队员，或利用向右虚晃动作，使防守者重心偏于自己左侧，突破人立即用右脚内侧迅速蹬地，向左前方迈出一大步，脚尖向前，落在对方右脚侧，同时上体左转向防守者右前方插肩，重心向前移。右手迅速将球交到左手，放于左侧，在左脚离地前，用左手放球于迈出的前脚侧面，同时左脚全力蹬地，加速超越对方。

2. 同侧步(顺步)持球突破　动作要领：(以左脚为中枢脚下从防守右侧耳突破为例)准备姿势同交叉步，同侧步突破假动作主要与投篮密切结合，突破前应先瞄篮，当防守者重心向前或上提时，突破人迅速用左脚下内侧蹬地，右脚快速向右前方跨出一大步，脚下落在防守者左脚下侧面，同时上体右转，向防守者左前方插肩，在左脚离地前，用右手放球于右脚下侧面，然后左脚下全力蹬地前进，全速超越对手，右手运球时，左肩、背起到护球和与对方对抗的作用。

3. 跳步急停持球突破　利用向侧耳面或前面跳步急停，与防守队员错位进行突破，这种突破攻击性强，动作突然，并且能在移动中突然急停，做变向突破。由于是跳步，一步急停，所以两脚中的任何一脚都可为轴。

动作要领：跳步前，应清楚地了解防守者的位置及同伴传球路线，随时做好向两侧或向前做跳步急停的思想准备。看到同伴传来球应迅速伸臂向来球方向迎球，同时用异侧脚蹬地，两脚稍腾空，向侧方或前方跳起接球，然后两脚平行落地(任何一脚可以做中枢脚)，落地后两腿屈膝，重心降低，前脚掌支撑重心，然后根据防守者错位情况，迅速用交叉步突破对手。

三、传、接球技术

(一) 双手胸前传球

动作要领：两手五指自然张开，两拇指成“八”字形，用指根以上部位持球，手心空出。两肘自然弯曲于体侧，置球于胸腹部位，身体成基本姿势站立，脚分前后。传球时，目视传球方向，两臂前伸，手腕由下向上转动，再由内外翻，急促抖腕，同时拇指用力下压，食、中指用力弹拨，将球传出。出球后掌心和拇指向下，其余四指向前。远距离传球，则需增大蹬地和腰腹的协调用力。见图 7-8。

(二) 单手肩上传球

动作要领：(以右手为例)双手胸前握球，两脚前后站立，左脚在前，左肩对传球方向，

图 7-8

将球引至右肩，右手执球，肘关节外展，右手腕后仰，指根以上托球，掌心空出，重心落在右脚上。传球时，右脚蹬地，转体，前臂迅速向前挥摆，手腕前屈，通过拇指、食指、中指拨球，将球传出。球出手后身体重心亦随之转移到左脚上。

（三）单手胸前传球

动作要领：持球手法与单手肩上传球相同（以右手传球为例），将球由胸前引到体前右侧耳，传球时振动前臂，手腕急速前扣，并向内翻，同时食指、中指、无名指用力拨球，将球传出。

（四）双手头上传球

动作要领：双手持球举于头上，两肘稍屈，持球手法与双手胸前传球相同，传球时小臂前挥，手腕前扣外翻的同时，拇指、食指、中指用力拨球。传球距离较远时，加脚蹬地，腰腹用力，全身协调发力，将球传出。

（五）接球

接球分双手接球和单手接球两种。不论哪一种接球，眼睛都要注视球，肩臂放松，手臂要半屈迎向球，手指自然分开、放松。当手指触球时手臂立即随球后引，缓冲来球力量，将球握于胸前，保持身体平衡，并做好投篮、传球、突破的准备。

四、防守技术

（一）防守步法

1. 防守基本姿势　两脚下平等站立或斜侧向开立，比肩稍宽，屈膝，身体重心支撑点在两脚的前脚掌上，含胸、收腹，上体稍前倾，两臂屈肘侧举，上臂与身体夹角为 60°，手掌向前，目视前方。

2. 侧滑步——防守的主要步伐　动作要领：（以左侧滑步为例）右脚前脚掌内侧用力向左蹬地，同时左脚向左滑出半步，左脚落地的同时，右脚迅速向左滑出半步，仍保持一定距离，不能相碰，两脚滑动离地不能太高，应做到平贴着地面滑动，移动中身体不能起伏，头部要保持在一个水平面上，重心稳定。向右滑步动作要领与向左相同，只是向反方向蹬地。

（二）抢球

抢球是带有攻击性防守的重要技术之一，在对方动作迟缓、精神不集中或球保护不好的情况下，防守者都可以大胆地抢球。

动作要领：抢球时要突然上步，靠近对手，同时伸出右臂，右手迅速按在球的上方（对方的两手之间），左手立即握住球的下方，右手下按球并将球向对方怀内旋转，左手用力协助转动。当球在对方手中转动时，右手加向回拉球动作，球即脱开对方双手，从而将球抢到手。

五、投篮和抢篮板球技术

（一）投篮技术

1. 双手胸前投篮　动作要领：双手握球在胸部以上（高度在肩部附近），握球手法与双手胸前传球相同，肘关节自然下垂，上体稍前倾，两脚前后或左右站立，两膝微屈，重心落在两脚之间，目视投篮目标。投篮时，两脚下前脚下掌蹬地，腰腹伸展，同时两臂向前上方伸出，两臂即将伸直时两手腕同时外翻，拇指向前压送，指端拨球，以拇指、食指、中指的力量将球投出，最后腿、腰、臂自然伸直。

2. 单手肩上投篮　动作要领：（以右手为例）右手五指自然分开（手心空出），指根以上部位触球，向后屈腕、屈肘，持球于肩上耳部左右，肘内收，前臂与地面接近垂直，左手扶球的左侧，右脚稍前，左脚稍后，重心放在两脚之间，两膝微屈，目视投篮目标。投篮时，两脚前脚掌用力蹬地，伸展腰腹，抬肘，手臂上伸，即将伸直时，手腕用力前屈，手指拨球，最后以中指和食指的指端将球投出。球出手后，腿、腰、臂自然伸直。见图 7-9。

图 7-9

（二）抢篮板球技术

1. 进攻队员抢篮板球　动作要领：当同伴或自己投篮时，处在近篮的进攻队员首先应判断球的反弹方向，然后先向相反侧前方跨步，利用身体虚晃的假动作，诱开身前的防守队员，利用绕跨步挤到对手的前面或侧前方，抢占有利位置，借助跨步或助跑起跳，跳至最高点补篮或抢篮板球。落地时，两腿弯曲，重心放在两脚之间，将球持于胸腹之间。

2. 防守队员抢篮板球　动作要领：首先应保持正确的站位姿势，即两膝微屈，上体稍前倾，重心放在两脚之间，两臂屈肘，占据较大的面积。当对方投篮出手后，首先注意对手的动向，并根据当时与进攻队员所处的位置和距离的远近，运用上步、撤步和转身抢占有利位置，把进攻队员挡在身后，与此同时还要判断球的落点，准备起跳，起跳时前脚掌用力蹬地，提腰向上摆臂，同时手向球的方向伸展，跳至最高点指端触到球时，用双手、单手抢球或将球点拨给同伴。

第二节 篮球比赛规则简介

篮球规则是指篮球比赛中应用的各种规则。

一、比赛方法

一队五人，其中一人为队长，候补球员最多七人，但可依主办单位而增加人数。比赛分前、后半场，每半场各 20 min，中场休息 10 min。比赛结束两队积分相同时，则举行延长赛 5 min，若 5 min 后比分仍相同，则再次进行 5 min 延长赛，直至比出胜负为止。

二、得分种类

球投进篮筐经裁判认可后，便算得分。三分线内侧投入可得 2 分，三分线外侧投入可得 3 分，罚球投进得 1 分。

三、进行方式

比赛开始由两队各选出一名跳球员至中央跳球区，由主审裁判抛球，双方跳球，开始比赛。

四、选手替换（换人）

每次替换选手要在 20 s 内完成，替换次数则不限定。交换选手的时间可选在有人犯规、争球、叫暂停时等。裁判可暂时中止球赛的计时。

五、罚球

每名球员各有四次允许犯规的机会，第五次即犯满退场，且不能在同一场比赛中再度上场。罚球是在体育比赛中，对犯规方惩罚，对进攻方因被侵犯而影响进攻的补偿而设立的。罚球要站在罚球线后，从裁判手中接过球后 5 s 内要投篮。在投篮后，球触到篮筐前均不能踩越罚球线。

六、违例

违例是指既不属于侵人犯规、违反体育道德的犯规、取消比赛资格的犯规，也不属于技术犯规的违反规则的行为。

1. 跳球违例　除了跳球球员以外的人不可在跳球者触到球之前进入中央跳球区。

2. 队员出界　球员带球或球本身触及界线或界线以外区域，即属球出界。在球触在球触线或线外区域之前，球在空中不算出界。

3. 干扰球　投篮的球向篮下落时，双方队员都不得触球。当球在球篮里的时候，防守队员不得触球。

4. 球回后场　球队如已将球从后场移至前场，该球队球员便不能再将球移过中线，运回后场。

5. 三秒违例　一般指篮球比赛中的进攻三秒违例与防守三秒违例。其中防守三秒违例是 NBA 赛场特有的一项规则。

6. 非法运球违例　非法运球是指在篮球比赛中，超过了比赛的规定的一种运球方式。

7. 带球走违例　在比赛中当持球队员一脚向任一方向移动时，使中枢脚离开了与地面的接触点、违反持球旋转，或者双脚的移动超出规则的限制向任一方向非法移动时，就是带球走违例。

第三节　战术配合

篮球战术是篮球比赛中队员所运用的攻守方法的总称，是队员个人技术的合理运用和队员之间相互协同配合的组织形式。篮球战术图例见图 7-10。

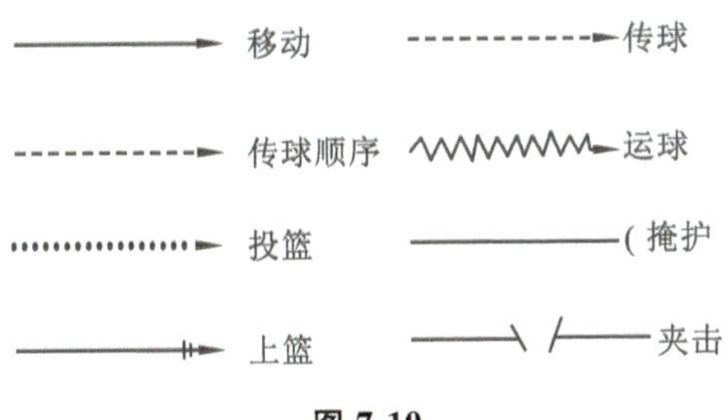

图 7-10

篮球战术是篮球比赛中队员之间相互协同行动的方法。其目的是为了更好地发挥本方队员的技术与特长，制约对方，力争掌握比赛的主动权，争取比赛的胜利。

一、进攻基础配合

（一）传切配合

传切配合是指进攻球员之间利用传球和切入技术组合的简单配合，见图 7-11。

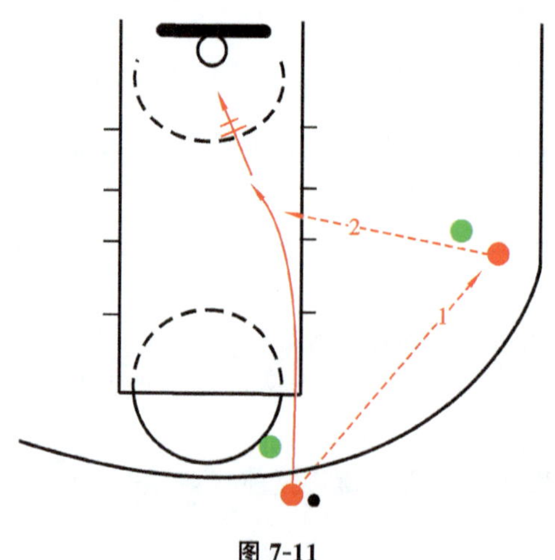

图 7-11

图解：三分线附近球员将球传给另一球员，然后迅速摆脱防守球员，向篮下切入，接回传球上篮。

切入球员要善于掌握时机。例如，当防守者只注意球或因封断传球而失去防守位置的刹那乘虚而入，对方防守较紧时，要用假动作或动作方向、速度的变化摆脱对手，切入篮下，持球队员要做瞄篮、突破、运球或其他进攻假动作，牵制对手，当切入者摆脱对手并能接到球时，要及时地将球传给他。

（二）突分配合

突分配合是指持球队员突破后，利用传球与同伴配合的方法，见图 7-12。

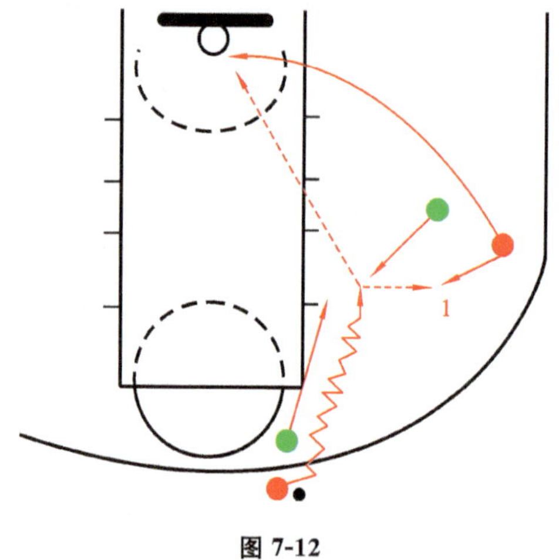

图 7-12

图解：持球球员从防守球员右侧突破，并吸引对方两名球员“关门”防守，此时另一球员及时跑到有利的进攻位置接突破球员的传球或做其他进攻配合。

突破动作要突然、快速，在突破过程中首先要做好投篮准备，还要随时观察场上攻守球员的移动和位置，以便及时准确地传球。其他进攻队员要掌握时机，及时跑到有利的进攻位置准备接球。

（三）掩护配合

掩护是采取合理的移动用自己的身体挡住同伴的防守者的移动路线，使同伴借以摆脱防守或利用掩护人的身体和位置使自己摆脱防守的一种配合方法，见图 7-13。

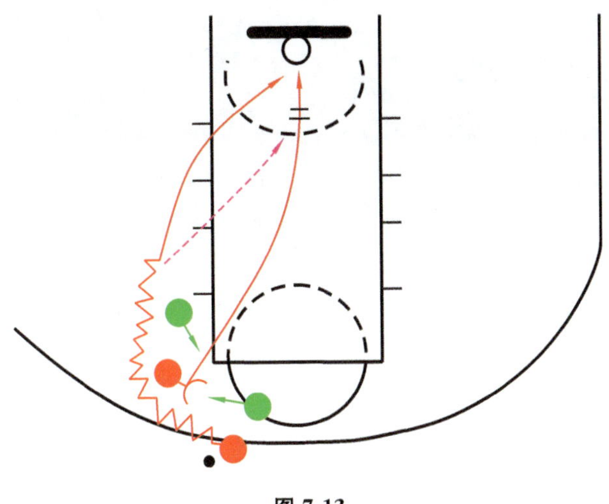

图 7-13

图解：三分线附近球员移动至运球球员附近，为其掩护并在掩护后迅速转身（注意：要向突破的反方向后转身，以拉出传球空间）向篮下空切，准备接突破队友的传球并投篮，而突破球员在得到队友掩护后迅速加速突破，并注意观察掩护队友的移动随时准备传球或直接上篮（或做其他配合以及冲抢篮板球）。

掩护球员做掩护时，要面向或侧向同伴的防守者，两膝微屈，两脚开立，两臂自然下垂，上体稍前倾，距离对方半步或一步，掩护时，身体姿势要正确，选择距离要适当，动作要合理，避免因不合理掩护而造成犯规。

二、防守战术基础配合

（一）球在正面时全队防守方法

如图 7-14 所示：球在左后卫⑧手中时全队防守的方法，⑧持球时⑧紧逼；⑦、④错位防守，不让⑦、④接球；⑦、④向⑧靠近，准备“关门”协防；防止⑧向中路突破，⑤绕侧或绕前防⑤；⑥远离⑥靠近篮下，补防限制区。

如图 7-15 所示：球在右后卫④手中时全队防守的方法，④持球④紧逼；⑥、⑧错位防守不让⑥、⑧接球；⑦、⑤远离自己的对手补防限制区。

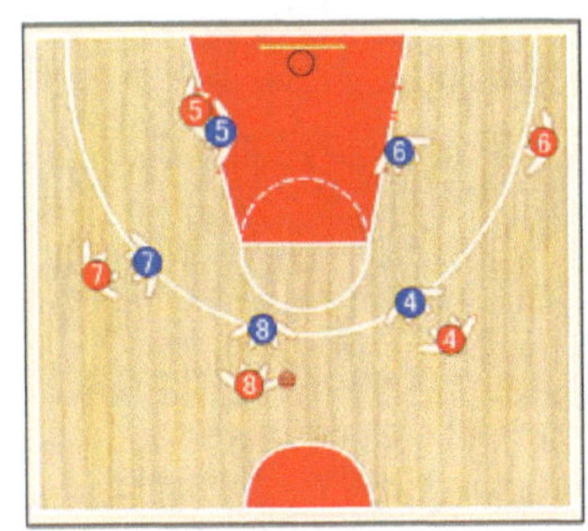

图 7-14

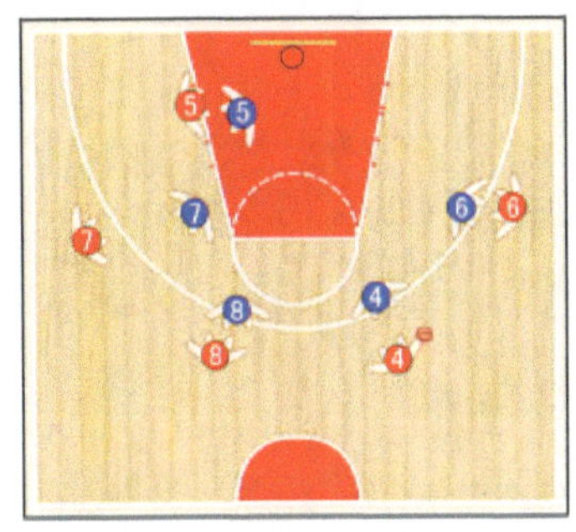

图 7-15

防守基本要求：由攻转守时，每个队员都要快速退回自己的后场，找到对手，组成集体防守。

（二）球在侧面时全队防守方法

如图 7-16 所示：球在左前锋⑦手中时全队防守的方法，⑦持球时，⑦紧逼；⑤侧前站立，防止⑤接球；⑧向⑦靠近，“关门”协防；⑥、④收缩防守，防止高吊球或背向插入。

如图 7-17 所示：球在右前锋⑥手中时全队防守的方法，⑥持球⑥紧逼；④向⑥靠近，“关门”协防；⑤、⑦、⑧收缩防守并补防限制区。

防守基本要求：由攻转守时，每个队员都要快速退回自己的后场，找到对手，组成集体防守。

无论是球在正面时全队防守还是球在侧面全队防守，都要根据对手、球、球篮，选择有利位置，做到：有球紧，无球松；近球紧，远球松；积极移动，控制对手。要做到球、人、区兼顾，与同伴协同防守，破坏对方进攻配合，加强防守的集体性。

图 7-16

图 7-17

“666”训练法

科比每天完成 500 个进球的投篮练习，期间会穿插一些力量训练（包括杠铃弯举、杠铃卧推、杠铃深蹲、肩部推举、弓步挺举、三头肌推举、俯卧腿弯举、器械下拉等），还有一些柔韧度和协调性训练（包括韧带拉伸、小腿腓肠肌训练、翻身腹部训练、抢篮板接跳投训练、低位划船训练），以及耐力训练（20 m 折返跑，800 m、100 m 冲刺跑，400 m 恒速跑）。训练师针对科比的状态，选择一些科目，每天 6 个项目，训练 6 h，6 天为一个循环，这就是科比恐怖的“666”训练法。

第八章　排　　球

排球是许多同学喜爱的体育项目。作为一种运动文化，我们可以从运动员在赛场上表现出的默契配合、娴熟的技术和战术、顽强的防守、重磅的扣球中欣赏运动员顽强拼搏、团结协作的精神。我们学习排球，更能够感受人与球、人与物体在时间和空间上的关系，感悟个人与团队亲密无间、密不可分的联系，同时还能够促进个人体能的发展。

(1) 了解排球运动的特点和文化知识。
(2) 掌握排球运动的基本技术。
(3) 在学习过程中体验和感受排球运动对身心发展的价值。

第一节　认识排球运动

一、排球的定义及历史

排球(volleyball)是球类运动项目之一，球场为长方形，中间隔有高网，比赛双方(每方六人)各占球场的一方，球员用手把球从网上空打来打去。排球运动使用的球，用羊皮或人造革做壳，橡胶做胆，大小和足球相似。

排球运动源于美国，是1895年美国马萨诸塞州霍利约克市，一位叫摩根的体育工作人员发明的。当时网球、篮球很盛行。摩根先生认为篮球运动太激烈，而网球运动量又太小，他想寻求一种运动量适中，又富有趣味性，男女老少都适宜的室内娱乐性项目，就想把当时已广为流行的网球搬到室内，在篮球场上用手来打。这种游戏开始时，他将网球的网挂在篮球场上，用篮球隔网像打网球一样打来打去进行游戏。但室内篮球场面积较小，排球容易出界，于是他作了一些改进：一是把网球允许球落地后再回击的规则改为不许落地；二是改变排球外形，其圆周改为25～27英寸，重量为225～340 g；三是篮球太大、太重，不能按预想的方式进行游戏，便改为试用篮球胆。而篮球胆又太轻，在空中飘忽不定，玩起来不方便，难以控制。但因经过试用效果很好，就决定采用这种球。国际标准用球虽历经百年，进行了千百次的改进，但球的规格和第一代的球差不多。

1905年，排球运动传入我国。最早是在广州、香港等地的一些学校开展，后来组成球队进行校级比赛。1913—1934年间举行的远东运动会上，我国男子排球队5次获得冠

军。但是，排球运动在我国的普及是在新中国成立以后，随着6人制排球的推广而在学校广泛开展起来的。20世纪80年代中国女排“五连冠”的事迹和“女排精神”的传播，使排球运动在我国得到了空前关注和进一步的发展。2008年奥运会，中国男女排球队奋力拼搏，取得了优异成绩。

女排精神

“女排精神”的内涵：无私奉献、团结协作精神、艰苦创业精神、自强不息精神。这种精神比“五连冠”优异成绩本身更为珍贵，它是鼓舞中国人民团结一致、不畏艰难困苦、奋勇拼搏的宝贵精神财富。“女排精神”的广为传诵，其实就是在向国人和全世界庄严宣告中华民族崛起的信心和能力。

二、开展排球运动的价值

排球比赛中要时刻处理好人与球、人与人的关系，在快速判断中完成移动、起跳、击球、救球等动作。经常参加排球运动，不仅能够发展力量、速度、灵敏度、协调性等身体素质，使人体均匀发展，还能够使参与者感受人与人之间合作的快乐，感受人与物体在时间和空间上的多种变化关系。通过参加排球运动所获得的灵活的身体和大脑将为我们的劳动和日常生活提供坚强的支撑。挥动我们的双臂，伸展我们的身躯，到运动场上体验排球带来的乐趣，感悟它的价值吧！

三、排球比赛的场地与规则

1. 排球场地 见图8-1。

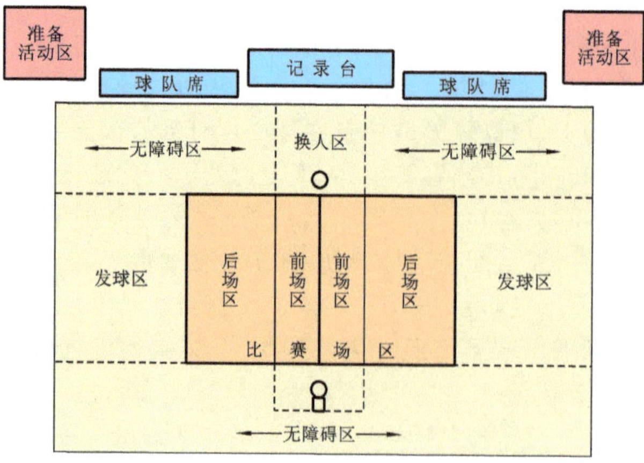

图 8-1

2. 主要规则　排球比赛时运动员逆时针站位，顺时针轮转和发球。上场的 6 位队员从后场区按照 1～6 号位置逆时针站位。比赛中每得一次发球权，全队要顺时针方向轮转一个位置，由轮转到 1 号位的队员发球。见图 8-2。

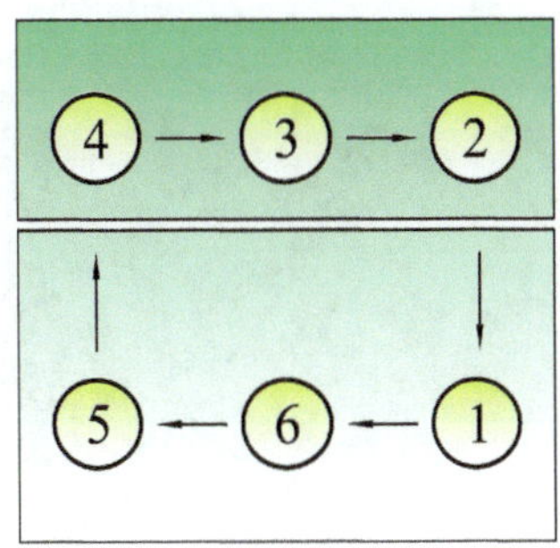

图 8-2

排球比赛为每球得分制。正式比赛采用五局三胜制，前四局 25 分一局，一方到 25 分或以上并至少领先对手 2 分为该局获胜。在第五局中一方先到 15 分并至少领先对方 2 分为获胜。

第二节　怎么样打排球

一、发球

发球是排球比赛的开始，是指发球人站在端线外的发球区，将球抛起并用手击到对方场内的动作。

(一) 侧手发球

动作方法(以右手发球为例)见图 8-3。

(1) 身体左侧对网站立，两脚左右开立与肩同宽。

(2) 两膝微屈，左手持球于腹前，右手臂放松于体侧。

(3) 抛球：左手伸直臂将球向上抛起约 30 cm，同时上体右转，重心移至右脚，右臂后引。

(4) 击球：右脚蹬地，上体左转带动右手臂由右下向左上摆动，用手掌或虎口击球的后中下部。击球后身体正面对网。

图 8-3

(二) 正面上手发球

动作方法(以右手发球为例)见图 8-4。

图 8-4

(1) 正面对网，两脚前后站立，左脚在前，右脚在后，左手持球于腹前后。

(2) 抛球：左手将球平稳抛于右肩上方，高度适中，同时挺胸；右手屈肘抬起，肘关节指向外侧，上体稍向右转。

(3) 击球：击球时，上体左转收胸带动右手臂向前上方弧线挥臂，用全手击球后中下部，手接触球的同时有向前推压腕的动作。

测一测

了解自己的发球水平

测 试 内 容	及格/个	良好/个	优秀/个
在稳定状态下发球 10 个，发到对方场区界内	4	6	8
快速发球 10 个，每两球之间间隔 10 s	3	5	7
向对方 1 号位和 5 号位的远角发 10 个球，落点准确	1	3	5

（三）垫球

面对来球，要想球不落地就需要运用垫球技术。正面双手垫球是利用双手小臂形成的垫击面，在腹前利用全身协调用力，将球从垫击面反弹出去的击球动作，是多种垫球技术的基础(图 8-5)。

1. 击球手型 常用的击球手型有两种：抱拳式和叠拳式。

(1) 抱拳式：一手半握拳，另一手包住握拳手，两拇指平行。

(2) 叠拳式：两手掌根靠拢，双手手指重叠后，合紧互握两拇指平行。

正面双手垫球的手型和部位

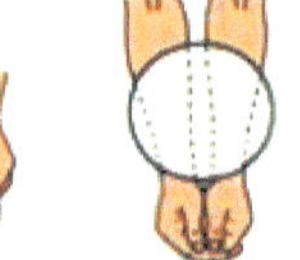

图 8-5

2. 手臂触球部位 腕关节以上 10 cm。

侧面双手垫球动作方法：以右侧击球为例，左肩降低、右肩抬起，将手臂平面对正来球，击球时利用身体左转带动手臂迎击来球。

学练提示

(1) 脚步移动很重要。判断好球的运行方向和速度后，先移动脚步，使身体处于合适的位置以便垫球。

(2) 在来球的下面双臂做好“插、夹、提、压、送”的动作，根据来球的速度，用力要适宜。

练一练：

(1) 徒手体会动作。

（2）自垫球：连续垫球，高度为 1 m。

（3）自垫一高一低的球，高球尽量高，低球尽量低，体会控球要领。

（4）对墙连续垫球，增加手臂对球的感觉，熟悉球性。

（5）两人对垫球。垫球要准确。在双方脚不移动的情况下，应能完成多次。

（6）三人三角垫球，手臂控制好球。

（7）两人移动垫球，将球垫到预定目标。

测一测

了解自己的垫球水平

序号	内　　容	合格/个	良好/个	优秀/个
1	对墙连续垫球	15	25	35
2	连续自垫、自接一高一低的球	10	15	20
3	与同伴在双方脚不移动的情况下连续对垫球	3	5	7

（四）传球

传球是用双手手指触球，通过蹬地、伸躯、伸髋、伸臂，最后用手腕和手指的弹性，将球传出的技术。传球是发动进攻的纽带，正面上手传球是其他传球技术的基础。

练习要点：

（1）用脚步移动保持好与球的位置。一定要移动到球的下方再准备传球。

（2）在来球的下面，双手张开，保持“桃形”。做好“蹬、伸、弹、送”的动作，用适当的力度把球传出。

动作要点：击球点在额前上方约一球的距离处，蹬地、伸膝、伸髋、伸臂，最后用手腕和手指的弹性将球传出。见图 8-6。

图 8-6

测一测

了解自己掌握传球动作的程度

序号	内　　容	合格/个	良好/个	优秀/个
1	对墙连续传球	10	20	30
2	在网前做二传，传球 10 次，传出的球便于同伴扣球过网	3	5	7

（五）扣球

扣球是以单手手掌用力击球，使球从网上快速飞入对方场地的技术，是得分的有效手段，是排球比赛获胜的关键。动作方法见图 8-7。

（1）助跑前采用稍蹲准备姿势，观察、判断来球的落点。

（2）助跑节奏由慢到快，第一步小，第二步大，迈向

图 8-7

球的落点。

（3）后脚快速并拢猛蹬地、两臂协调由后向前上摆动。

（4）展体成背弓，腰腹发力带动挥臂。

（5）用前手掌击球并使球前旋。

（6）力争双脚同时落地，屈膝缓冲。

练一练：

（1）徒手体会鞭打动作，扣球挥臂应像甩鞭子一样。

（2）自抛自扣球，以全手掌击球的后上部。

（3）对墙扣球，以全手掌击球的后上部。

（4）助跑起跳扣固定球，体会完整扣球动作。

（5）在无网场地上扣同伴抛起的球，体会空中击球时机和助跑起跳点。

（6）扣二传传起的 4 号位球，体会完整的扣球技术。

测一测

了解自己掌握扣球动作的程度

序号	内　容	合格/个	良好/个	优秀/个
1	对墙连续扣地面反复弹球	6	10	15
2	扣同伴抛球的 4 号位球，扣球 10 次，球落到对方场区界内	3	5	7
3	扣同伴传起的 4 号位球，扣球 10 次，球落到对方场区界内	2	4	6

（六）拦网

拦网是由被动转换为主动的法宝，想一想如何才能把对方的扣球拦回去？

在教学比赛中，同学们能够用到拦网技术的机会比较少，一旦有拦网的机会，应果断出手，建议双脚要用力蹬地，使身体向上垂直跳起，双手张开，伸过网，在对方击球的瞬间将球拦回。注意，落地时要屈膝缓冲，避免受伤。

（七）“中一二”进攻战术

排球是一项集体性很强的运动，团队密切配合与合理运用比赛战术是取胜的关键。“中一二”进攻战术是由前排中间的 3 号位队员作为二传队员，将球传给前排 4 号位或 2 号位队员进行扣球的进攻方式。

第九章　羽　毛　球

羽毛球运动是深受大众喜爱的体育项目之一，羽毛球运动对活动全身各部位、增强身体灵敏性、缓解工作压力等具有显著作用，得到众多不同职业类型工作者，特别是办公室职员的喜爱，很多人把羽毛球运动当作自己最重要的业余爱好。羽毛球运动是一项很好的体育活动，爱好它，参与它，能够使你的学习和生活都充满激情和活力。你也一起来投入羽毛球运动吧。

(1) 了解羽毛球运动的起源与发展、运动特点与价值。

(2) 了解羽毛球场地和比赛的基本规则。

(3) 掌握羽毛球运动的基本技术和战术。

(4) 经常参加羽毛球运动，培养对羽毛球运动的兴趣爱好。

第一节　认识羽毛球运动

你知道羽毛球运动是怎么起源的吗？你理解羽毛球运动为什么会受到那么多人的喜爱吗？参加羽毛球运动有什么好处呢？你知道我国有哪些著名的羽毛球运动员吗？2008 年北京奥运会我国在羽毛球项目上获得了多少枚奖牌呢？

下面我们一起来认识羽毛球运动。

一、羽毛球运动的起源与发展

羽毛球运动起源于英国。相传 1860 年，在英格兰格拉斯哥郡的柏明顿庄园举行了一次宴会，由于下雨，客人们只能待在室内。这时，有几个从印度回来的退役军官就向大家介绍了一种隔网用拍子来回击打毽球的游戏，人们对此产生了浓厚的兴趣。后来这个游戏被不断改进和发展，逐渐在许多地方流行起来，于是人们就以柏明顿庄园的名称"badminton(羽毛球)"命名此项运动。1893 年英国成立了羽毛球协会，1899 年举行了第一届全英羽毛球锦标赛。此后羽毛球运动风靡全世界。

起初，英联邦和美国的羽毛球运动水平比较高，直到 1948 年举行的首届汤姆斯杯羽毛球比赛，马来西亚队夺得冠军，开辟了亚洲人称雄国际的羽坛时代。20 世纪 60 年代前期，中国羽毛球后来居上，于 1963 年和 1964 年两度打败当时的世界冠军印度尼西亚队。此后，中国队又多次获得汤姆斯杯、尤伯杯、苏迪曼杯和奥运会羽毛球比赛的冠军，出现了汤仙虎、赵剑华、李永波、龚智超、叶钊颖、林丹、张宁等一大批优秀的羽毛球运动员。在2008年北京奥运会上，我国运动员林丹和张宁分别获得羽毛球比赛男子单打和女子单打项目的金牌，杜婧、于洋获得女子双打金牌。

二、羽毛球场地与比赛的基本规则

（一）羽毛球场地

标准的羽毛球场地为长方形，长13.40 m，宽6.10 m。场地线宽0.04 m，所有场地线都是它所确定区域的组成部分（图9-1）。

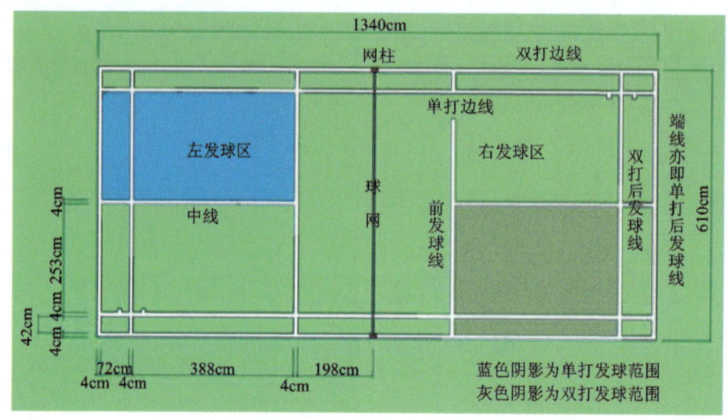

图 9-1

（二）羽毛球比赛的基本规则

从2006年5月的汤姆斯杯比赛开始，羽毛球比赛把15分制更改为每球得分的21分制，通常采用三局两胜制。先得到21分且至少领先对方2分的一方胜一局，20平后，得分领先对方2分才算胜当局，29平后，先得分方取胜。发球者得分为奇数时在其左发球区向对角的对方场区发球，得分为零或偶数时在其右发球区向对角的对方场区发球，发球后第一拍只能由对角的接球者接球。并且，要遵守以下规则。

（1）发球时击球点不能高于腰部。

（2）击球时不能触网。

（3）击球时不能过网。

（4）接发球人不能踩线。

三、羽毛球运动的特点与价值

羽毛球运动是一项集健身、娱乐、社交于一体的体育活动。

首先，羽毛球运动速度快、变化多，是一项全身性活动的项目，经常参加，可以增强身体的灵敏性、协调性和耐力，全面增强体质。

其次，羽毛球运动量可大可小，游戏性强，男女老少不管水平高低，都可以在羽毛球运动中展示自己，找到乐趣，是一项很好的业余消遣活动，深受上班族的喜爱。

而且，羽毛球运动也是大众交往的手段之一，不同领域、不同性别、不同年龄的人可以通过羽毛球结交朋友，交流球技。

总之，羽毛球运动是一项非常有益的大众体育项目。

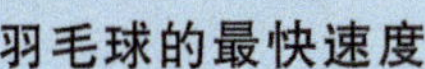

羽毛球的最快速度

目前羽毛球的最快球速记录为中国羽毛球双打选手傅海峰在2005年6月3日苏迪曼杯中创下的332 km/h，而单打比赛中最快的球速则为305 km/h，由印度尼西亚选手陶菲克创下。

第二节　怎样打羽毛球

了解羽毛球运动的起源与发展、场地与规则等知识后，让我们拿起球拍，开始学习怎样打羽毛球吧。

羽毛球运动的基础技术包括握拍、发球、移动和击球等。

一、握拍

正手握拍和反手握拍是两种基本的握拍方法。在实际比赛中，为了回击不同方位的来球，控制击球的力量和球的落点，可以根据实际情况，因时因地细微地调整握拍方法，以取得最好的击球效果。正手握拍法通常用于还击握拍手一侧的来球以及头顶后场来球，反手握拍法则用于回击另一侧的来球。根据个人的习惯和能力，可选择右手或左手握拍，但本章均以右手为例来介绍技术动作。

（一）正手握拍

握拍之前先用左手握住球拍中杆，使拍面与地面垂直，让右手掌心平面与拍面平行，将手掌平移至拍柄，使虎口对准拍棱的第二条棱线（图 9-2），用近似握手的方法自然握住拍柄，五指与拍柄呈斜形。

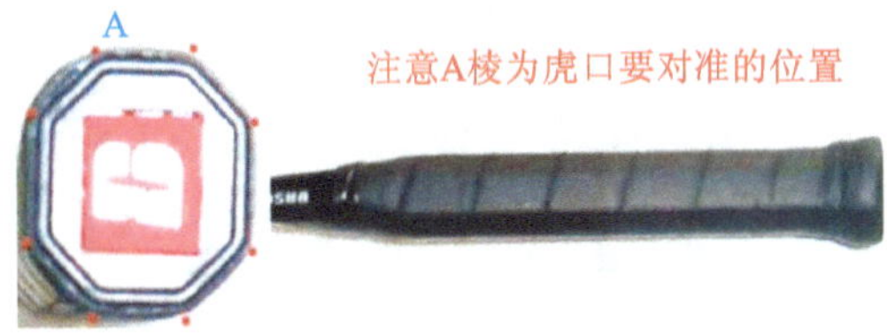

图 9-2

（二）反手握拍

在正手握拍的基础上，拇指和食指将拍柄向外顺时针转，使拇指顶贴在拍柄第一条棱左边的宽面上，其余四指并拢，握紧拍柄。

二、发球

发球意味着羽毛球比赛开始。发球直接影响着攻防双方的下一步动作，对比赛起着主导作用。发球可以分为正手发球和反手发球，基本技术主要有正手发高远球、正手发网前球和反手发网前球等。

（一）正手发高远球

在正手位把球发得既高又远，使球近乎垂直地落在对方后发球线附近的发球区内，称为正手发高远球（图 9-3）。发高远球可以调动对方，减轻对方接球后直接进攻的压力，并为自己的防守争取时间，为下一拍做好准备。

（二）正手发网前球

在正手位使球刚好越过球网，落到对方前发球线附近的发球区内，称为正手发网前球（图 9-4）。一般在比赛中，可做欲正手发后场高远球的假动作，忽然改为发网前球，攻其不备，使对方回球失误。

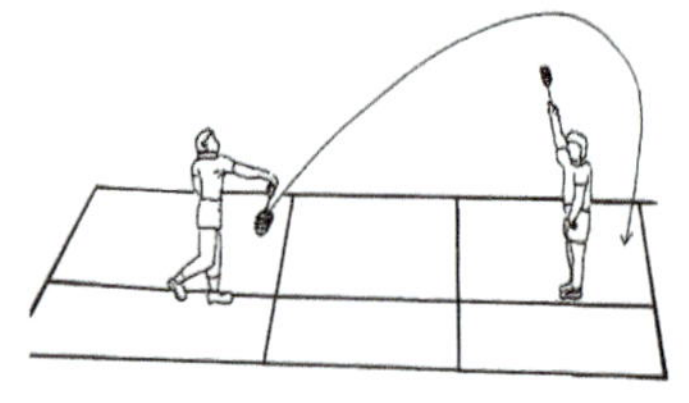

图 9-3

图 9-4

发球动作大致同正手发高远球。不同之处在于击球瞬间，手腕缓慢屈腕发力，用斜拍面将球向前推送，使球刚好贴网而过，落在对方发球线附近的发球区内。

（三）反手发网前球

图 9-5

反手发球的特点是动作小、出球快，对方不易判断，其战术作用和正手发网前球一样。在双打比赛中多采用此发球技术。

右脚在前，左脚在后，正对球网。右手反手握拍，肘部略抬起，使球拍框下垂于左腰侧，左手以拇指、食指捏羽毛球的羽毛，置于腹前腰下，挥动前臂，并伸腕闪动发力，将球向网上轻推（图 9-5），使球贴着网沿飞过球网，落入对方前发球线附近的发球区。

三、基本步法

1. 侧身后退一步 以左脚前掌为轴，右脚往右后侧蹬转后退一步，并带动髋部右后转，重心移到右脚上。

2. 侧身并步后退 以左脚前掌为轴，右脚往右后侧蹬转后退一步，并带动髋部右后

转，左脚即刻往右脚并一步，接着右脚再向右后撤一步，重心移到右脚上，成侧身对网姿势。

3. 蹬转一步反手击球步法 以左脚前掌为轴，右脚向左后方蹬转使身体转向左后方，并向左后场跨出一步，重心移到右脚，身体背对球网，换成反手握拍，右脚着地时发力反手击球。

4. 右侧移动步法 身体右倾，左脚向右垫一小步，以前脚掌蹬地，右脚向右侧跨步。

5. 左侧移动步法 左脚左垫一步，以前脚掌蹬地，向左转身的同时右脚向左跨步，呈背对球网姿势。

6. 蹬跨步上网步法 起动后左脚后蹬，接着侧身，右脚向来球方向跨出一大步。

7. 两步蹬跨步上网步法 起动后，左脚先朝球的方向迈一步，紧接着左脚后蹬，侧身将右脚朝球的方向跨出一大步。

第十章 协调性训练

协调(coordination)是指人体产生平滑、准确、有控制的运动的能力。协调运动的产生需要有功能完整的深感觉、前庭、小脑和锥体外系的参与,其中小脑对协调运动起着重要的作用,每当大脑皮质发出随意运动的命令时,小脑便产生了制动作用。

(1) 了解协调性训练的目的与原则。

(2) 掌握协调性训练的具体方法。

第一节 协调性训练的目的与方法

协调素质训练是指在各种复杂变化的条件下运动员迅速、合理、敏捷、协调地完成各种动作的能力。协调素质是其他各种运动素质的综合体现,它有助于发展学生的反应、起动、变换方向的速度,并能更快更有效合理地提高学生在实际生活中的各项反应。因此,协调素质对于比赛十分重要,这是在复杂多变的环境因素中,不能事先预料而运用技术的关键素质,是比赛取胜的基础。

协调性训练法大概有以下几种方法:①不习惯动作的各种身体练习;②反向完成动作;③改变已习惯动作的速度与节奏;④以游戏方式完成复杂动作;⑤要求创造性改变完成动作的方式;⑥采用不习惯组合动作,使已掌握动作更加复杂化练习;⑦改变动作空间范围。

一、基本原则

(1) 由易到难,循序渐进:动作的练习由简单到复杂。

(2) 重复性训练:每个动作都需要重复练习,才能起到强化的效果。

(3) 针对性训练:对具体的协调障碍进行针对性的训练,这样更有目的性。

(4) 综合性训练:除了协调训练,还要进行相关训练,如改善肌力和平衡的训练等。

第二节 具体训练方法

一、上肢协调性训练

1. 肩绕环 由直立双臂上举开始。一臂直臂向前、向下、向后、向上画圆摆动,同时

另一臂向后、向下、向前、向上画圆摆动，均以肩关节为轴。依次进行。见图 10-1。

图 10-1

2. 两手不同动作　两手同时做不同方向和形式的动作(图 10-2)。如:一手握拳做连续冲拳，另一手挥掌做上下拍击动作，听口令两手同时变换动作，要求两手转换动作迅速而准确。

3. 一枪打一个　双手放于胸前，听到口令后，一只手做大枪手势，另一只手伸出一根手指，左右手交替进行，数字从 1 到 10，逐渐加快。见图 10-3。

图 10-2

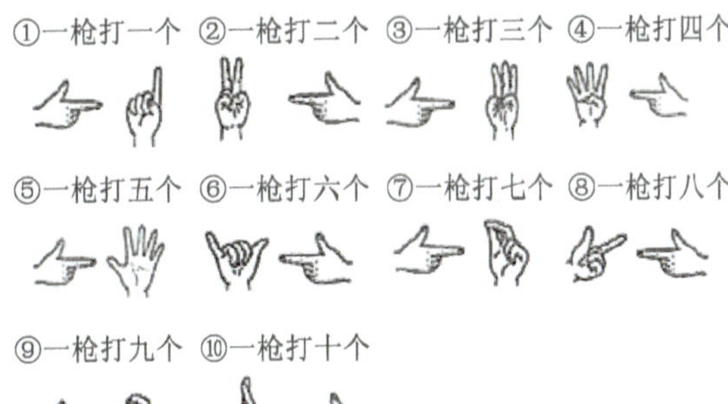

图 10-3

二、下肢协调性训练

1. 原地拍击脚背　一手在体前拍击同侧脚的脚背内侧，另一手在体后拍击同侧脚的脚背外侧，动作连贯，循环往复。见图 10-4。

图 10-4

2. 转向跳 双脚并拢手弯向上跳，跳起后转向 180°着地，身体与双手要维持平衡，可向左与向右跳。见图 10-5。

图 10-5

3. 变方向跑练习 听教师口令，一声即做向前 5 m 冲刺，接后退 3 m，二声即做向左冲 5 m 后向右冲 3 m 的练习。

三、整体协调性训练

1. 侧向交叉步 需要肩、胸、腰、髋关节的协调参与，重在锻炼腰部和髋关节。手臂平举，于身侧自然伸展，保持身体平衡，侧向移动时速度不要过快，确保每一个动作完整、到位。见图 10-6。

图 10-6

2. 单腿站立("金鸡独立"、燕式平衡等) 单腿站立时闭上双眼，看谁保持的时间长，平衡性好。见图 10-7。

图 10-7

3. 身体不协调动作组合练习 上右步的同时右手上举，上左步的同时左手上举，右步后退右手叉腰，左步后退左手叉腰，变换节奏。见图 10-8。

图 10-8

4. 立卧撑跳起转体 360°　由俯卧撑姿势开始，双腿屈膝抬大腿，成全蹲。起立后即刻双脚蹬地全力、快速纵跳，双臂积极上摆，在空中转体 360°。衔接下一个动作时要迅速屈膝下蹲，在双手即将撑地的同时，双脚向后伸蹬，成俯卧撑。连续进行。见图 10-9。

图 10-9

五、影响协调性的因素

(1) 交互抑制：支配动作反面肌肉的神经冲动之抑制或阻止。

(2) 力量：反面肌肉的放松与收缩。

(3) 耐力：疲劳的出现对精致动作有影响。

(4) 心智练习：可以提高精神集中力而改善。

(5) 本体感受器：对位置肌肉关节的张力感受。

第十一章　体育游戏

体育游戏是以促进身体健康为目的，以它特有的内容、情节、形式、规则及要求为特征的一种有组织的体育活动，它为传统体育课注入生机和活力。少年心理学研究证明，少年儿童的学习目的、兴趣、意志三者是相辅相成的。选择游戏不仅是为了更好地完成教学与训练任务，还应该考虑到通过游戏来培养参加体育活动的兴趣，培养游戏的意志品质，并对学生进行思想政治教育。游戏进行时要考虑游戏者的年龄、性别、身体素质及训练水平，注意游戏者的人数、场地器材设备和时间的长短等情况。组织方法要尽可能的简便，做到在较短的时间内取得较大的效果。

在体育教学中，我们通常遇到过这样的情景，在宣布了体育课的内容之后，学生就在下面大声地说"让我们自己玩吧"。通常体育课上会安排一系列技术练习，学生的发挥空间甚少，学生认为他们在这种体育课上根本享受不到体育的"快乐"。只有让他们尽兴地玩，那才能让他们兴致盎然，所以在课堂上设计以游戏形式渗透技术练习的教学活动，学生在玩中学，学中玩，才能更好地掌握知识与技能。

虽然体育游戏在学校体育教学中有着不可替代的健身作用，但是教师要根据体育教学各个环节的任务要求，选择、创编一些有针对性、适用性强的游戏方法，对学生实施健身教育，这也是目前学校体育教学的又一发展方向和改革途径。

第一节　游戏在课堂各环节中的运用

一、准备活动中的游戏

根据教学任务，有选择、有针对性地选择体育游戏并能恰当地安排在准备活动中，不但有利于调动学生的积极性，使课堂气氛生动活泼，还能提高学生的兴奋性，使之能迅速进入最佳的准备状态。准备活动中为了热身，使身体得到一般活动，应采用有人体一般基本活动能力的动作、体育技术动作和球类战术练习。现介绍几种常用的准备活动游戏供大家借鉴。

图 11-1

（一）篮球与乒乓球

1. 游戏准备　在地上画一个如图 11-1 所示的游戏图形，图形尺寸视学生年龄大小而定。

2. 游戏方法　游戏者分两队站立。游戏开始，教师指定任何一人从逆时针或顺时针方向开

始游戏，第一人说："篮球！"同时两手做成乒乓球的样子。第二人应接着说："乒乓球！"同时两手做成篮球的样子。如此交替进行。如果某人发生错误，必须为大家表演一个节目。然后从发生错误的人开始，继续游戏。

3. 游戏规则　①必须讲话与手势同时进行。②前后两人之间不能停顿时间过长，否则为失败。

4. 教学建议　也可以采用说高低、胖瘦等，并做出相反意思的动作来进行游戏。

（二）击鼓

1. 游戏准备　鼓四个，鼓槌四根，标竿 20 根。布置如图 11-2 所示。

2. 游戏方法　把游戏者分成人数相等的四队。发令后各队排头持鼓槌从起点跑出，绕过第一标竿返回击一下鼓，紧接着马上又绕过第二标竿返回击二下鼓，依次类推。最后击完五下鼓后跑回起点把鼓槌传递给下一个人，自己退于队尾。下一个人做法同前，一直进行到最后一个人为止，先完成的队为优胜。

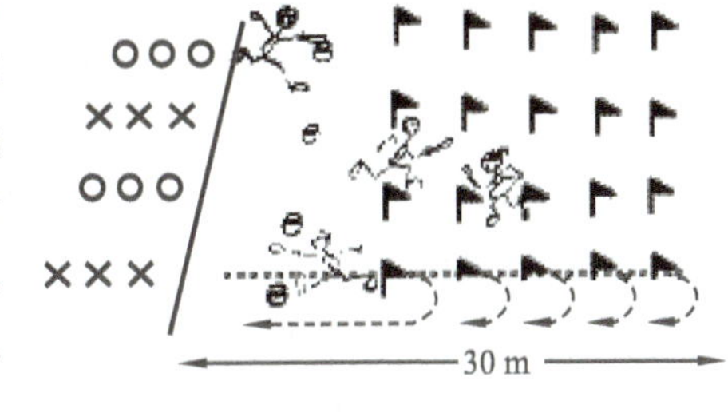

图 11-2

3. 游戏规则　做错者必须返回起点重做。

4. 教学建议

（1）教师要鼓励游戏者顽强奋斗，为集体争取荣誉。

（2）教育游戏者动脑筋安排本队出场顺序。

（3）要求游戏者正确对待胜负，自觉遵守规则。

（4）跑的距离和标竿多少可视对象决定。

二、教学过程中的游戏

教学过程中，适时地加入合理而又紧扣教学内容的游戏会提高学生学习的积极性，缓解学生的紧张、焦虑感，更有利于运动技术的掌握与运用。其实体育课不在于要求学生掌握多少技能，而在于培养学生主动锻炼的兴趣。基本部分应以体育技术游戏配合教材内容进行练习（如"迎面接力"）。还有一些针对某些教学训练任务和教学训练手段设计的游戏，如纠正八字脚跑、窄跑道比赛游戏。

中长跑是一项有效发展学生心肺功能，培养学生意志品质的教学内容。在教学中如果一味地按中长跑竞技比赛的要求，逼着学生绕着田径场一圈圈地跑，不但不利于学生的身心健康而且会让学生跑出恐惧、跑出厌倦。建议采用一些追逐游戏、越野跑，并给长跑赋予一定的情景、情节，如"奔向未来"、"环球旅行"，使学生在快乐的气氛中达到教学目的。

在球类教学中，可根据学生的身体素质、技术水平降低难度、缩小场地，对规则进行变异，使学生充分体会到体育教学中成功的乐趣，从而提高学习的积极性。

身体素质练习中，一般动作难度小、负荷大、比较单调。采用游戏法练习，可以增加趣味性，调动学生练习的积极性。如：发展腿部力量的"时代列车"、"立定跳比远"、"蛙跳

接力”、“双人蹲跳”，发展上肢力量的“推小车”、“平衡角力”、“推人出圈”；发展灵敏素质的“打龙尾”、“掷沙包”、“打活靶”等游戏，可以根据不同的目的要求进行选择。下面简单介绍一些常用的教学过程中的游戏供大家借鉴。

（一）过五关

1. 游戏准备　在场地上画五个长 15～20 m，宽 1.0～1.2 m，彼此间隔 2 m 的关卡。在每一个关卡的一端画一方形的格子。距关卡前 2～3 m 处画一起跑线。

2. 游戏方法　把游戏者分成人数相等的两队，每队选一队长，以猜拳决定攻守。守队队长将本队队员均等地分配在每条防线上。攻队队员站在第一条关卡的起跑线上。游戏开始时，裁判发出信号，攻队队员设法巧妙地冲过关卡，不让守队队员拍着自己，安全冲过去的得 2 分。若攻队队员在途中被守队队员拍着，则自觉站到该条关卡的方格内（能通过两条防线以上可得 1 分）。在规定时间内（3～5 min）以得分多的队为胜。然后两队交换继续游戏，最后算分，判出胜负。

3. 游戏规则

（1）各条防线的队员，必须在关卡内活动，不能踏线或出关卡拍人。

（2）防守者不得把人密集在一个关卡上。

（3）攻队队员被拍着，应自觉站进方格内。

（4）攻队队员不能从防线两端绕过，违者算被拍，站进方格。

4. 教法建议　在游戏进行中，教师要启发游戏者团结一致，发挥集体的力量、智慧去争取胜利。

（二）强渡大渡河

1. 游戏准备　在场地上画两条相距约 20 m 的平行线，一条为起跳线，一条为对岸，中间为河道。在河道中画三路并排的小圆圈作为跳石，每路跳石的大小、数目和距离要相等。

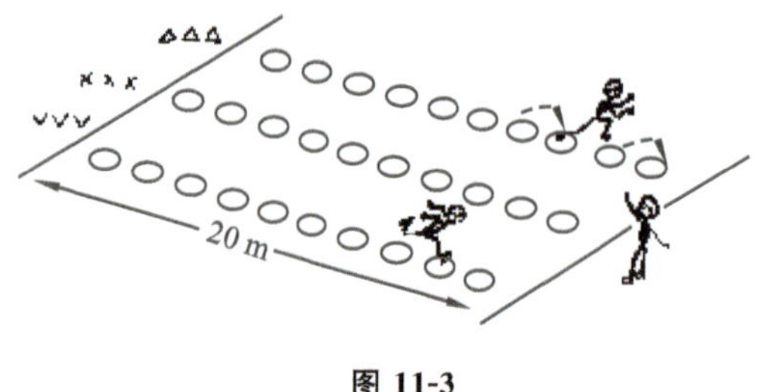

图 11-3

2. 游戏方法　把游戏者分成人数相等的三个纵队，站在起跳线后，如图 11-3 所示。游戏开始，各队第一人从跳石上快速跨跳过河，到达对岸后立即转身抬右臂招手示意。第二人见手示意后，马上接着跨跳，如此依次进行。如跨跳时未踏中跳石，即算失足落水，必须从头跨跳。最先到达对岸的队为胜。

3. 游戏规则　后面的人一定要看到前面的人到达对岸招手后方可开始前进。

4. 教法建议

（1）跳石间的距离应根据游戏对象而定，一般相距 1.5 m 左右。

（2）跳石也可不排成一条直线。

三、放松活动中的游戏

把游戏作为体育教学的后续部分，在整理活动中运用游戏法放松，能使学生恢复较

好的状态并让学生在欢快气氛中具有一定的“兴趣保留”，提高学生乐学、探究的兴趣，促进终身体育意识的形成。放松活动中为调节学生的兴趣多采用趣味性较强、运动负荷较小的放松游戏。因为这些小负荷的游戏活动，在大脑皮质所引起的兴奋可以加深运动中枢的抑制，游戏内容和形式力求做到轻松、活泼、精彩、幽默，使机体的生理、心理得到放松。现介绍几种放松游戏供大家借鉴。

（一）猫扑老鼠

1. 游戏准备　在场上画一条线，在线前 2 m 处画几个直径为 5～6 m 的圆圈，如图 11-4 所示。

2. 游戏方法　把游戏者分成人数相等的几个队，每队再分成两组：一组当“猫”（人数可少），另一组当“鼠”。“鼠”组分散在圈内，“猫”组站在线外。游戏开始，“猫”组指派本组一人用单脚跳跳进本队“鼠”组圈内，去追拍“鼠”组队员。“鼠”组队员用双脚跳躲闪“猫”组队员的追拍。如“鼠”组队员被拍着，该队员即退到圈外。经过一段时间（10～15 s）后，组长发出信号，换“一只猫”进行追拍。每次游戏进行 2～4 min，或“猫”组每个队员都追拍一次之后，各队的两组即可调换。

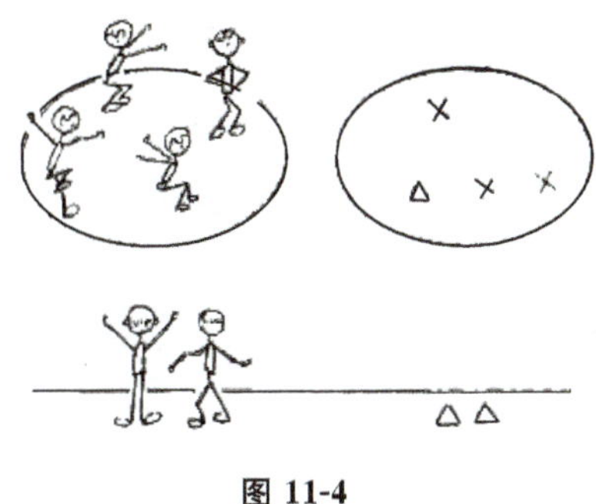

图 11-4

3. 游戏规则

（1）圈内的“鼠”不能为了躲闪追拍而跳出圈。

（2）追拍者只能用单脚跳，中途不得换脚。

4. 教法建议　游戏时可多分几个队，使每个学生都有活动的机会。

（二）跳绳传球

1. 游戏准备　长绳若干、篮球数只，场地如图 11-5 所示。

图 11-5

2. 游戏方法　把游戏者分成人数相等的几组，每组为 8 人，选出 2 人甩长绳，其余 6 人报数排定号次。游戏开始，每排头手持一球进入甩动的长绳里，然后其余 5 人也依次

进入长绳。排头将球传给第二个人后退出，第二人将球传给第三个人后退出；这样依次进行，看哪组先传完球，而且没有失误。

3. 游戏规则

(1) 球如失手落地，需拾起重传。

(2) 传球过程中，绳子不能间断甩动。

4. 教学建议 也可采取每组第一个人先持手帕或其他物体进入长绳，一边跳一边身体弯下去把手帕或其他物体放在地上退出，第二个人进入长绳时，边跳边拾起物体，然后放下，这样依次进行。

四、教学中游戏既不可滥用也要注意适用

游戏法用于素质练习时，学生比较兴奋，积极性较高，教师要注意运动量的控制，防止负荷过大，同时要采取安全措施，防止出现伤害事故。

第二节　在游戏中渗透育人理念

体育游戏在培养学生思想道德方面有着重要的作用，体育游戏大部分都是集体游戏，需要学生团结协作、共同努力才能取得胜利。如在“时代列车”这个游戏中，需全队保持好“列车”的平衡，步伐一致，齐心协力才能将“列车”驶向胜利的终点。

体育游戏在培养学生个人能力中也发挥了不可低估的作用，在个人游戏或集体游戏中需要个人单独完成各项任务时，就要求学生直面困难，战胜困难。如在许多的接力游戏中，全队的胜利是个人胜利的总和。学生在单独完成各项任务的时候要接受多项考验，在心理、生理方面都得到了很好的锻炼和提高。有些在平时的体育课中不敢完成的动作，在游戏中因其趣味性强，使学生克服了心理的恐惧，从而使个人的能力得到提高。

第十二章　二十四式简化太极拳

太极拳是中国优秀的传统拳术之一，在我国广为流传。随着中华武术在世界范围的推广，太极拳以它独特的运动风格和显著的健身效果闻名于世。二十四式简化太极拳是国家体育运动委员会(简称国家体委)组织有关专家，在杨式太极拳的基础上，简化原有的套路而创编的。它不仅简单易练，而且保留了杨式太极拳的技术精华，具有极佳的健身功能和丰富的技击招法。

(1) 了解太极拳的基础知识和特点。

(2) 学习二十四式简化太极拳并认真练习。

(3) 了解二十四式简化太极拳的攻防含义。

第一节　太极拳基础知识

一、概述

太极拳这个名称是因为它采用中国古代的“阴阳”、“太极”这一哲学理论来解释拳理而被命名的。

“太极”一词源出《周易》:“易有太极，是生两仪”。“太”就是大的意思，“极”就是开始或顶点的意思。宋朝周敦颐在《太极图说》中的第一句话就是“无极而太极”，并非说太极从无极产生，而是“太极本无极”之意。太极图是我国古代人的一种最原始的世界观，拳术和太极说的结合，逐步产生了太极拳术。

关于太极拳的缘起，据考证是于明末清初逐渐形成的。据《温县志》记载:在明思宗崇祯十四年(1641)陈王廷任温县“乡兵守备”，明亡后隐居家乡，晚年造拳自娱，教授弟子儿孙。陈王廷是卓有创见的武术家，他研究道家的《黄庭经》，并参照戚继光的《拳经》而创编了太极拳。太极拳的精华表现在三个方面:①综合吸收了明代各家拳法。戚继光是明代著名武术家、抗倭名将，他总结和整理了明代十六家民间著名拳法，并吸取了其中三十二势编成拳法套路。陈王廷吸收了其中二十九势编入太极拳套路，甚至陈氏的《拳谱》

和《拳经总歌》的文辞也仿照戚氏的《拳经》，可见其影响之深。②结合了古代导引、吐纳之术。太极拳讲究意念引导动作、气沉丹田、心静体松、重在内壮，把拳术中的手、眼、身、步的协调配合与导引、吐纳有机结合起来，这就使太极拳成为内外统一的拳术运动。③运用了中国古代的中医经络学说和阴阳学说。太极拳结合经络学说，要求"以意引气，以气运身"，内气发源于丹田，以腰为主宰发力于全身。各式传统太极拳也都以太极阴阳学说来概括和解释拳法中各种动作变化。

太极拳在长期演变中形成许多流派，其中流传较广或特点较显著的有以下五种：①陈氏太极拳：刚柔相济，快慢相兼。②杨氏太极拳：匀缓柔和，舒展大方。③吴氏太极拳：柔和紧凑，大小适中。④武氏太极拳：动作灵活，步法轻捷。⑤孙氏太极拳：与武氏太极拳风格相近，开合鼓荡，小巧紧凑，步活身灵。

新中国成立后，太极拳运动得到蓬勃发展。从 20 世纪 50 年代开始，国家体委组织有关专家陆续编写出版了二十四式、八十八式、四十八式太极拳，又将传统的陈、杨、吴、武、孙式太极拳整理出版。太极拳在国外也得到广泛的传播，受到各国人民的喜爱。1989 年中国武术研究院编写了适应竞赛的陈、杨、吴、武、孙式太极拳和综合太极拳的套路，为太极拳进一步向世界推广，迈出了可喜的一步。

二、太极拳的保健作用

几个世纪以来，实践证明，太极拳是一种重要的健身与预防疾病的手段。近年来，许多科学研究也证明，打太极拳除了可以增强体质外，对高血压、溃疡病、心脏病、肺结核等疾病亦有一定的辅助治疗效果。随着医学的进步和对体育功能的认识，过去一直被忽略的治疗方法——应用体育运动来防治疾病，已经被应用到临床治疗中。从历史记载看，我国是最早应用体育防治疾病的国家之一。在我国最早的医学经典著作《黄帝内经・素问》中就曾提到：其病多痿厥寒热，其治宜导引按跻（"导引"是一种体操活动）。不仅如此，我国的古代科学家们还进一步用科学的理论解释了"体育"能够健身治病的道理。华佗创编了"五禽之戏"，将其作为健身运动，他的理论是："人身常动摇则谷气消、血脉通、病不生，人犹户枢不朽是也。"这都说明"体育"在防病和治病中有着积极的意义。练习太极拳除全身各个肌肉群、关节需要活动外，还要配合均匀的深呼吸与横膈运动，并且特别要求人们在打拳时，尽量做到心静、全神贯注。这样，就能对中枢神经系统起到良好的调节作用，从而改善其他系统与器官的功能活动。

为了证明太极拳的保健作用，北京运动医学研究所对 88 名 50～89 岁的老年人进行了较详细的医学检查。其中 32 名是经常打太极拳的，56 名是一般正常的老年人。对比观察的结果证明，常年打太极拳的老人，不论在体格方面，还是在心血管系统功能、呼吸功能、骨骼系统及代谢功能方面，都比一般的老人状况好。

太极拳是一种合乎生理规律、轻松柔和的健身运动，它对中枢神经系统起着良好的影响，加强了心血管与呼吸的功能，改善了消化功能与新陈代谢过程。所以，从医学的观点来看，它是一种良好的保健体操和医疗体操。

三、太极拳的特点

（一）轻松柔和

太极拳的架势比较平稳舒展，动作要求不僵不拘，符合人体的生理习惯，没有忽起忽落的明显变化和激烈的跳跃动作。所以，练习一两遍太极拳以后，会感到身上微微出汗，但不会出现气喘等现象，给人以轻松愉快的感觉。由于太极拳具有这个特点，所以，不同年龄、性别和体质的人都可从事太极拳练习。

（二）连贯均匀

整套太极拳的动作，从“起势”到“收势”，不论动作的虚实变化和姿势的过渡转换，都是紧密衔接、前后连贯的，看不出有什么明显停顿的地方。整套动作演练起来，速度均匀，前后连贯，好像行云流水，连绵不断。

（三）圆活自然

太极拳的动作不同于其他拳术，它要求上肢动作处处带有弧形，避免直来直往。通过弧形活动进行锻炼，使动作圆活自然，体现出刚柔相济的特点，使身体各部分得到均匀的发展。

（四）协调完整

太极拳不论是整个套路，还是单个动作的姿势，都要求上下相随，内（意念、呼吸）外（躯干、四肢动作）一体，身体各部分之间要密切配合。在练习过程中，要以腰为轴，上肢和下肢动作都由躯干来带动，并且互相呼应，切忌上下脱节或此动彼不动、呆滞等现象。

四、太极拳的动作要领

各式太极拳有不同的流派特征，然而，它们的动作要领基本上是一致的。

（一）神为主帅，意动身随

练习太极拳的全过程都要求用意念引导动作，把注意力贯注到动作中去。例如：做太极拳“起势”两臂徐徐前举的动作，从形象上看，与体操中两臂前平举的动作相似，但在太极拳的练法上，从开始做动作前就要有向前平举的意念。做气沉丹田就要有把气沉到腹腔深处的意念。意不停，动作随之不停，犹如用一条线把各个动作贯穿起来一样。古人在练拳过程中所总结的“神为主帅，意动身随”，就是强调用意念引导动作。

（二）注意放松，不用拙力

练习太极拳时，要求在保持身体正常姿势的情况下，身体各部位的肌肉、关节做到最大限度的放松。在做动作的过程中，要避免使用拙力和僵劲，人体的脊柱按自然的状态直立，头、躯干、四肢等部位自然、舒展地活动，达到式式连贯、处处圆活、不僵不拘、周身协调、动作自如的状态。

（三）上下相随，周身协调

太极拳是一种全身性的运动。有人说，打太极拳时全身“一动无有不动”、“由脚而腿而腰总须完整一气”，这些都是形容练太极拳时“上下相随，周身协调”的意思。初学者虽然在理论上也知道要以腰为轴，由躯干带动四肢来进行活动，但往往感到力不从心。在这种情况下，可先练习单式动作，同时练习步法，然后进行套路练习。

（四）分清虚实，稳定重心

在掌握太极拳身体姿势的动作要领后，要注意动作的虚实和身体的重心。因为在太极拳的套路中，动作之间的连接以及位置方向的改变，都贯穿着步法的变换和重心的转移，同时，还要讲究身法和手法的运用。不论由虚到实，还是由实到虚，既要分明，又要连贯衔接，做到势断意不断，一气呵成。所谓“迈步如猫行，运动如抽丝”，就是对太极拳脚步轻盈和动作均匀的描述。

（五）自然呼吸，气沉丹田

练习太极拳时，由于动作轻松柔和，要求呼吸平和，且要增加呼吸的深度，以满足机体对氧气的需要。太极拳运动强调运用腹式呼吸，以横膈上下活动完成“气沉丹田”，让腹部存养涵蓄，不使上浮，这样在练拳时就不至于因缺氧而气喘，并有助于重心稳定。注意含胸拔背有助于“气沉丹田”。

五、太极拳对身体各部位姿势的要求

（一）头部

练习太极拳时，对头部姿势的要求是很严格的。所谓“头顶悬”“虚领顶劲”，或“提顶”“吊顶”的说法，都要求练习者头向上顶，避免颈部肌肉硬直，更不要东偏西歪或自由摇晃。头颈动作应与身体方向位置的变换、躯干的旋转相呼应，做到上下连贯、协调一致。同时，面部表情要自然，下颌向里回收，口自然合闭，舌尖轻轻顶住上颚。

眼神要随着身体的转动，注视前手（个别时候看后手）或平视前方，既不可皱眉怒目，也不要随意闭眼或精神涣散。打拳时，神态力求自然，注意力一定要集中，不要东张西望，否则会影响锻炼效果。

（二）躯干部

针对胸背，太极拳要领中指出要“含胸拔背”，或者“含蓄在胸，运动在两肩”。意思是说在锻炼过程中要避免胸部外挺，但也不要过分内缩，应顺其自然。“含胸拔背”是互相联系的，背部肌肉随着两臂伸展动作，尽量舒展开，同时注意胸部肌肉要自然松弛，不可使其紧张，这样胸就有了“含”的意思，背也有“拔”的形式，从而可免除胸肋间的紧张，呼吸调节也就自然了。

腰在人体起着非常重要的作用，保持人体行、站、坐、卧的正确姿势。在练习太极拳的过程中，身体要求端正，不偏不倚。拳术家说：“腰脊为第一之主宰”“刻刻留心在腰间，腹内松劲气腾然”“腰为车轴”等，都是强调如果腰部力量中断或在身体转动中起不了车轴的作用，就不可能做到周身完整一气。练习时，无论进退或旋转，凡是由虚而逐渐落实的动作，腰部都要有意识地向下松垂，以帮助气的下沉。注意腰腹不可用力前挺，以免影响转换时的灵活性。同时，腰部向下松垂，可以增加两腿力量，使下盘（下盘是指髋关节

以下身体部位）得到稳固，使动作既圆活又完整。在配合松腰的要领当中脊椎骨要根据生理正常姿势竖起，不可因松腰而故意后仰前挺或左右歪斜，以致造成胸肋或腹部肌肉的无谓紧张。

对于臀部，练太极拳时要做到“垂臀”（或称“敛臀”），这是为了避免臀部突出而破坏身体的自然状态。练习时，要注意臀部自然下垂，不要左右扭转。在松腰、正脊的要求下，臀部肌肉要有意识地收敛，以维持躯干的正直。总之，垂臀和顶头的要求一样，应用意念调整，而不是用力去控制。

（三）腿部

在练习太极拳的过程中，进退的变换、发劲的根源和周身的稳定，都要靠腿部来控制。因而在锻炼时，要特别注意在重心移动的过程中脚放的位置和腿弯的程度。练拳人常讲：“其根在脚，发于腿，主宰于腰，形于手指”，可见腿部动作姿势的好坏，关系着整体动作的正确与否。

腿部活动时，首先要求髋和膝关节放松，这样可以保证进退灵便。脚的起落要轻巧灵活：前进时脚跟先着地，后退时前脚掌先着地，然后慢慢踏实。

初学的人，往往感到顾了手顾不了脚，而且大多数人只注意了上肢的动作，而忽略了腿脚的动作，以致影响了整体动作的练习。应该充分认识腿脚动作在姿势变换中的重要性，认真学好各种步型步法。在练习时，必须注意腿部动作的虚实，除“起势”、“收势”和“十字手”外，应避免重心同时落在两腿上。所谓腿部动作的虚实，就是重心在右腿则右腿为实，左腿为虚；重心在左腿则左腿为实，右腿为虚。但是，为了维持身体平衡，虚脚还要起着一个支点的作用（如虚步的前脚及弓步的后脚）。总之，既要分清虚实，又不要绝对化。这样，进退转换不仅动作灵活稳定，而且可使两腿轮换负荷与休息，减少肌肉的紧张和疲劳。

做上步时，要以一腿弯曲支持体重，另一腿轻轻提起前伸（不可僵挺），脚跟自然落下，然后全脚慢慢踏实向前弓腿，这样就可做到进退自然、步幅适当。做退步动作时，前脚掌要先着地。蹬脚、分脚动作宜慢不宜快（个别动作除外），应保持身体平衡稳定。摆脚动作（“摆莲脚”）或拍脚的动作不可紧张，根据个人技术情况手不拍脚也可以。

（四）臂部

太极拳术语中讲“沉肩垂肘”，就是要求这两个部位的关节放松。肩、肘两个关节是相关联的，能沉肩就能垂肘。运动时应经常注意肩关节松开下沉，并有意识地向外引伸。

太极拳对手掌部位的要求是：凡是收掌的动作，手掌应微微含蓄，但又不可软化、飘浮；当手掌前推时，除了注意沉肩垂肘之外，同时手腕要微向下塌，但不可弯得太大。手法的屈伸翻转，要力求轻松灵活。出掌要自然，手指要舒展（微屈）。拳要松握，不要太用力。

手和脚的动作是完整一致的，如果手过度向前引伸，就容易把臂伸直，达不到“沉肩垂肘”的要求；而过分地沉肩垂肘，忽略了手的向前引伸，又容易使臂部过于弯曲。总之，做动作时，臂部始终要保持一定的弧度，推掌、收掌动作都不要突然断劲，这样才能做到既有节奏，又能连绵不断、轻而不浮、沉而不僵、灵活自然。

第二节　二十四式简化太极拳图解

一、动作名称

（一）第一组

1. 起势　2. 左右野马分鬃　3. 白鹤亮翅

（二）第二组

1. 左右搂膝拗步　2. 手挥琵琶　3. 左右倒卷肱

（三）第三组

1. 左揽雀尾　2. 右揽雀尾

（四）第四组

1. 单鞭　2. 云手　3. 单鞭

（五）第五组

1. 高探马　2. 右蹬脚　3. 双峰贯耳　4. 转身左蹬脚

（六）第六组

1. 左下势独立　2. 右下势独立

（七）第七组

1. 左右穿梭　2. 海底针　3. 闪通臂

（八）第八组

1. 转身搬拦捶　2. 如封似闭　3. 十字手　4. 收势

二、动作说明

（一）第一组

1. 起势

①开步站立：身体自然直立，两脚开立，与肩同宽，膝关节微微弯曲，脚尖向前；两臂自然下垂，两手放在大腿外侧；目向前平视（图 12-1）。

要领：全身放松，头颈正直；排除杂念，精神集中，呼吸自然。

②提气升掌：随吸气重心慢慢升高；两臂慢慢向前平举，两手高与肩平，与肩同宽，手心向下（图 12-2）。

③屈膝按掌：上体保持正直，两腿屈膝下蹲；同时两掌轻轻下按至腹前，两肘下垂与两膝相对；目向前平视（图 12-3）。

要领：下蹲时上体要保持正直，不可前俯后仰；手的升降动作与两腿的屈伸、呼吸配

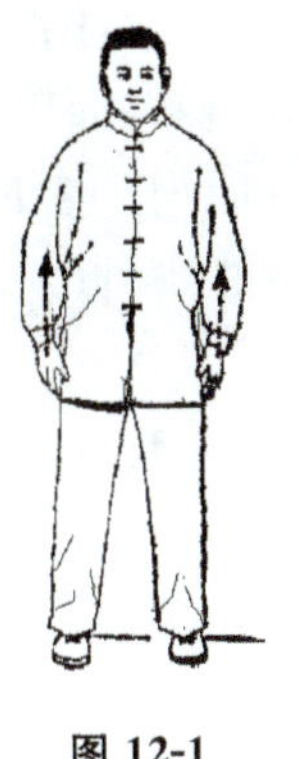

图 12-1

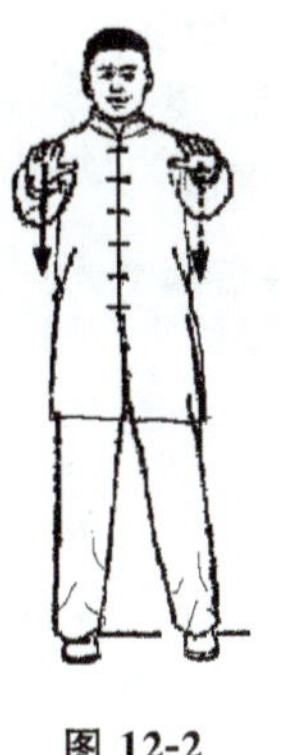

图 12-2

图 12-3

合一致；呼吸均匀细长。

2. 左右野马分鬃

（1）野马分鬃一：

①丁步抱球：上体微向右转，身体重心移至右腿上；同时右臂收在胸前平屈，手心向下，左手经体前向右下划弧放在右手下，手心向上，两手心相对成抱球状；左脚随即收到右脚内侧，脚尖点地；目视右手（图 12-4）。

要领：抱球手离身体 30 cm 左右，双肘不要内夹。

②转体迈步：上体微向左转，左脚向左前方迈出，脚跟着地；两手掌微微分开；目视左手（图 12-5）。

要领：迈步落脚要轻，重心留在右脚，不要急于前移。

③弓步分掌：右脚跟后蹬，右腿自然伸直，左腿前弓，脚掌慢慢踏实，成左弓步；同时上体继续向左转，左右手随转体慢慢分别向左上右下分开，左手高与眼平，手心斜向上，肘微屈，右手落在右胯旁，肘也微屈，手心向下，指尖向前；目随左手转视（图 12-6）。

要领：分掌和弓步动作同时完成；胸微微内含，双臂保持自然弧形。

图 12-4　　图 12-5　　图 12-6

（2）野马分鬃二：

①重心后坐：上体慢慢后坐，身体重心移至右腿，左脚尖翘起；上肢动作保持不变（图 12-7）。

要领：重心后坐时，上体保持正直，不要前俯后仰。

②前移抱球：左脚尖微向外撇(45°～60°)，身体左转，随后右腿蹬伸，左腿慢慢前弓，脚掌慢慢踏实，身体重心慢慢移至左腿；同时左臂收在胸前平屈，掌心翻转向下，右手向左上划弧放在左手下，手臂外旋，掌心上翻，两手心相对成抱球状；目视左手(图 12-8)。

③丁步收腿：当重心移至前腿后，右脚慢慢收到左脚内侧，脚尖点地；目视左手(图 12-9)。

要领：收腿过程中左腿保持弯曲，身体重心不要升高。成丁步后，右脚虚点地面，重心完全在左脚。

④斜向进步：右腿向右前方斜向迈出，脚跟着地；两手掌微微分开；目视右手(图 12-10)。

要领：迈步落脚要轻，重心留在左脚，不要急于前移。

⑤弓步分掌：左腿自然伸直，右腿前弓成右弓步；同时上体右转，左右手随转体分别慢慢向左下右上分开，右手高与眼平(手心斜向上)，肘微屈，左手落在左胯旁，肘也微屈，手心向下，指尖向前；目随右手转视(图 12-11)。

要领：右手分掌动作要和身体右转配合，做到以腰带手。其余同野马分鬃一③。

图 12-7　　图 12-8　　图 12-9　　图 12-10　　图 12-11

(3) 野马分鬃三：

①重心后坐：上体慢慢后坐，身体重心移至左腿，右脚尖翘起；上肢动作保持不变(图 12-12)。

要领：同野马分鬃二①。

②前移抱球：右脚尖微向外撇(45°～60°)，身体左转，随后左腿蹬伸，右腿慢慢前弓，脚掌慢慢踏实，身体重心慢慢移至右腿；同时右臂收在胸前平屈，掌心翻转向下，左手向左上划弧放在右手下，手臂外旋，掌心上翻，两手心相对成抱球状；目视右手(图 12-13)。

③丁步收腿：当重心移至前腿后，左脚慢慢收到右脚内侧，脚尖点地；目视右手(图 12-14)。

要领：同野马分鬃二③。

④斜向进步：左腿向右前方斜向迈出，脚跟着地；两手掌微微分开；目视右手(图 12-15)。

要领：同野马分鬃二④。

⑤弓步分掌：右腿自然伸直，左腿前弓成左弓步；同时上体左转，左右手随转体分别慢慢向左上右下分开，左手高与眼平(手心斜向上)，肘微屈，右手落在右胯旁，肘也微屈，手心向下，指尖向前；目随左手转视(图 12-16)。

要领：同野马分鬃二⑤。

图 12-12　　图 12-13　　图 12-14　　图 12-15　　图 12-16

完整练习提示：以起势站位的左方为正前方，野马分鬃的三次迈步方向为左右 30°，成“之”字形路线；迈步动作时，重心不要急于前移，等脚跟着地后再慢慢移动重心；在重心的前后移动中，身体不要前俯后仰，重心不要有太大的起伏。

3. 白鹤亮翅

①跟步抱球：上体微向左转，右脚跟进半步；左手翻掌向下，左臂平屈胸前，右手向左上划弧，手心转向上，与左手成抱球状；目视左手(图 12-17)。

②虚步亮掌：上体后坐，身体重心移至右腿，上体先向右转，面向右前方，眼看右手；然后左脚稍向前移，脚尖点地，成左虚步，同时上体再微向左转，面向前方；两手随转体慢慢向右上左下分开，右手上提停于右额前，手心向左后方，左手落于左胯前，手心向下，指尖向前；目随右手转视(图 12-18)。

图 12-17

图 12-18

（二）第二组

1. 左右搂膝拗步

(1) 搂膝拗步一：

①转体侧抱：右手从体前下落，由下向右后上方划弧至右肩外侧，肘微屈，手与耳同高，手心斜向上，左手由左下向上、经面部、向右下方划弧至右胸前，手心斜向下；同时上体也微向左再向右转；左脚收至右脚内侧，脚尖点地；目视右手(图 12-19)。

②弓步推掌：左脚向左前迈出，右脚蹬伸，重心前移成左弓步，上体左转；同时右手屈回由耳侧向前推出，高与鼻尖平，左手向下从左膝前搂过落于左胯旁，指尖向前；目随右手转视(图 12-20)。

图 12-19

图 12-20

要领：搂手、推掌动作与重心前移协调一致；上身不要前俯，肘关节微屈；右掌由耳侧向前推出过程中，手腕由直逐渐坐腕，由开始的掌指向前穿变为最后的掌根前推。

(2) 搂膝拗步二：

①重心后坐：右腿慢慢屈膝，上体后坐，身体重心移至右腿，左脚尖翘起；上肢姿势不变(图 12-21)。

②丁步侧抱：左脚尖微向外撇，身体左转，随后身体重心移至左腿，右脚收到左脚内侧，脚尖点地；同时左手由左后向上划弧至左肩外侧，肘微屈，手与耳同高，手心斜向上，右手随转体向上、向左下划弧落于胸前，手心斜向下；目视左手(图 12-22)。

③弓步推掌：右脚向右前迈出，脚跟着地，左脚蹬伸，重心前移成右弓步，上体右转；同时左手屈回由耳侧向前推出，高与鼻尖平，右手向下从右膝前搂过落于右胯旁，指尖向前；目随左手转视(图 12-23)。

图 12-21

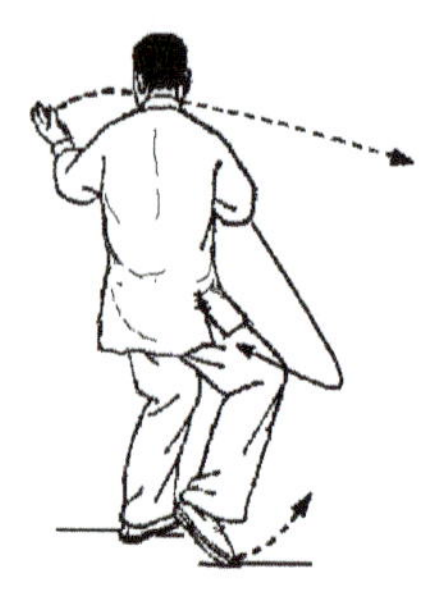

图 12-22

图 12-23

(3) 搂膝拗步三：

①重心后坐：左腿慢慢屈膝，上体后坐，身体重心移至左腿，右脚尖翘起；上肢姿势不变(图 12-24)。

②丁步侧抱：右脚尖微向外撇，身体右转，随后身体重心移至右腿，左脚收到右脚内侧，脚尖点地；同时右手向外翻掌由右后向上划弧至右肩外侧，肘微屈，手与耳同高，手心斜向上，左手随转体向上、向右下划弧落于胸前，手心斜向下；目视右手(图 12-25)。

③弓步推掌：左脚向左前迈出，脚跟着地，右脚蹬伸，重心前移成左弓步，上体左转；同时右手屈回由耳侧向前推出，高与鼻尖平，左手向下从左膝前搂过落于左胯旁，指尖向前(图 12-26)。

图 12-24

图 12-25

图 12-26

完整练习提示：三次动作的迈步方向为左右 30°，成“之”字形路线；完整练习各步骤要连贯，但不要漏做重心后移、脚尖外摆的衔接过程。

2. 手挥琵琶

①顺势跟步：重心随弓步推掌动作继续前移，右脚跟进半步，上肢姿势不变，目视右手(图 12-27)。

②后坐挑掌：上体后坐，身体重心移至右腿上，上体半面向右转，左脚略提起稍向前移，变成左虚步，脚跟着地，脚尖翘起，膝部微屈；同时左手由左下向上挑举，高与鼻尖平，掌心向右，臂微屈，右手收回放在左臂肘部里侧，掌心向左；目视左手食指(图 12-28)。

图 12-27

图 12-28

3. 左右倒卷肱

(1) 倒卷肱一：

①转体托掌：上体右转，右手翻掌（手心向上）经腰侧由下向后上方划弧平举，臂微屈，左手随即翻掌向上；眼的视线随着向右转体先向右看，再转向前方看左手(图 12-29)。

要领：上体右转不要太大，右手向后上托掌后，双臂保持自然弯曲，配合含胸拔背合抱成圆弧。

②退步推掌：左腿轻轻提起向后（偏左）退一步，前脚掌先着地，然后全脚慢慢踏实，身体重心移至左腿上，右脚随转体以脚掌为轴扭正，脚跟离地，成右虚步；同时右臂屈肘折向前，右手由耳侧向前坐腕推出，手心向前，左臂屈肘后撤，左手回抽至腰侧，手心向上；目视右手(图 12-30)。

要领：退步时，左脚向左后方斜向插步，避免两腿落在正方向的同一直线上；右手推掌不要完全伸直，保持肘关节微微弯曲，肘尖自然下垂，做到沉肩垂肘；右手前推和左手回抽要配合转体在胸前交错进行。

图 12-29

图 12-30

(2) 倒卷肱二：

①转体托掌：上体微向左转，同时左手随转体向左上方划弧平举，手心向上，右手随即翻掌，掌心向上；眼随转体先向左看，再转向前方看右手(图 12-31)。

②退步推掌：右腿轻轻提起向后(偏右)退一步，前脚掌先着地，然后全脚慢慢踏实，身体重心移至右腿上，左脚随转体以脚掌为轴扭正，脚跟离地，成左虚步；同时左臂屈肘折向前，左手由耳侧向前坐腕推出，手心向前，右臂屈肘后撤，右手回抽至腰侧，手心向上；目视左手(图 12-32)。

图 12-31

图 12-32

(3) 倒卷肱三：

①转体托掌：上体微向右转，同时右手随转体向右上方划弧平举，手心向上，左手随即翻掌，掌心向上；眼随转体先向右看，再转向前方看左手(图 12-33)。

②退步推掌：与倒卷肱一②解同(图 12-34)。

(4) 倒卷肱四：

①转体托掌：与倒卷肱二①解同(图 12-35)。

②退步推掌：与倒卷肱二②解同(图 12-36)。

完整练习提示：在向后退步的过程中，支撑腿要保持一定的弯曲度，使重心在移动中

图 12-33

图 12-34

图 12-35

图 12-36

水平后移，没有上下起伏；转体托掌和退步推掌连贯完成，中间不要有停顿；最后退右脚时，右脚尖要外转，便于做“左揽雀尾”的动作。

（三）第三组

1. 左揽雀尾

①转体抱球：身体重心落在右腿上，上体向右转，左脚收到右脚内侧，脚尖点地；同时，左手自然下落逐渐翻掌经腹前划弧至右肋前，手心向上，掌指向右，右手由腰间向右向上弧线撩掌，至肩高时右臂屈肘，手掌收至右胸前，手心转向下，掌指向左，两手相对成抱球状；目视右手（图 12-37）。

②弓步掤：上体微向左转，左脚向左前方迈出，脚跟着地，上体继续向左转，右腿自然蹬直，左腿屈膝，成左弓步；同时左臂向左前方掤出（即左臂平屈成弓形，用前臂外侧和手背向前方推出，高与肩平，手心向后），右手向右下落放于右胯旁，手心向下，指尖向前；目视左前臂（图 12-38）。

要领：迈步时不要急于做上肢动作，掤要配合重心前移完成，做到手脚同时到位；左臂自然弯曲，右臂微屈外撑，配合胸微微内含，形成圆滑的弧形。

③后坐捋：身体微向左转，左手随即向左前摆伸，手指前指，掌心向下，同时右手翻掌向上，经腹前向上、向前伸至左前臂下方（图 12-39）。然后身体右转，重心移至右腿；同时两手下捋（即上体向右转，两手回拖右髋斜前方，右手继续向后上方划弧，直至右手高与肩平，手心向上，同时左手沿身体右侧上升直至左臂平屈于胸前，手心向后）；目随右手转视（图 12-40）。

图 12-37

图 12-38

图 12-39

图 12-40

要领：双手左前摆伸时，上体不要前俯，身体只配合微微左转；双手回拖时，要配合身体右转从左上方向右下方弧线斜带，不可直线回抽。

④弓步挤：上式不停，上体微向左转，右臂屈肘折回，右手附于左手腕里侧。右腿蹬伸，身体重心逐渐移向左脚变成左弓步，同时上体继续向左转；同时双手向前慢慢挤出，左手心向后，右手心向前，左前臂要保持半圆；目视左手腕部（图 12-41）。

⑤后坐收掌：左手顺势前伸翻掌，右手经左腕上方向前、向右伸出，双手掌指向前，掌心向下，与肩同高，两手左右分开，宽与肩同（图 12-42）。然后左脚蹬伸，右腿屈膝，上体慢慢后坐，身体重心移至右腿上，左脚尖翘起；同时两手屈肘回收至腹前，手心均向前下方；目视前方（图 12-43）。

⑥弓步按掌：上式不停，右腿蹬伸，身体重心慢慢前移，左腿前弓成左弓步；同时两手向前、向上按出，掌心向前；目视前方（图 12-44）。

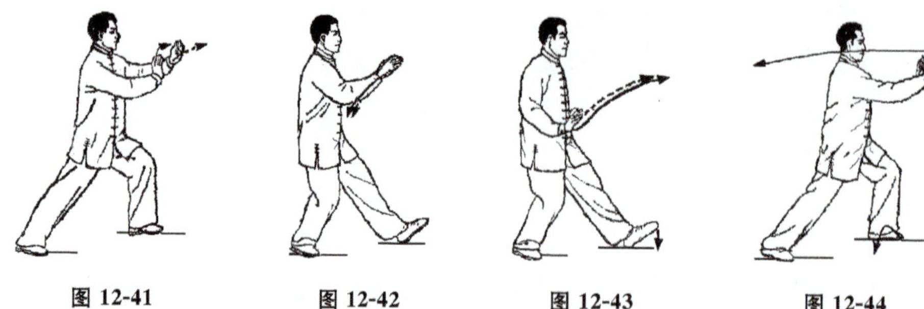
图 12-41　　图 12-42　　图 12-43　　图 12-44

要领：按掌不要完全伸直，保持肘关节微微弯曲，肘尖自然下垂，做到沉肩垂肘；后坐收掌后两手不要停顿，连续做按掌。

2. 右揽雀尾

①转体抱球：上体后坐并向右转，身体重心移至右腿，左脚尖里扣；右手经体前向右在水平面划弧至右侧，左手位置不变，双臂肘关节微屈，双手保持立掌，掌心向斜前方；目随右手转视（图 12-45）。右腿蹬伸，身体重心移至左腿上；右手自然下落，左臂向上屈肘（图 12-46）。然后右脚收至左脚内侧，脚尖点地；同时右手由右下经腹前向左上划弧至左肋前，手心向上；左臂屈肘后平屈于胸前，左手掌心向下与右手成抱球状；目视左手（图 12-47）。

图 12-45　　图 12-46　　图 12-47

要领：重心移动过程要做清楚，做到虚实分明；双掌分开后，不要伸太直，保持自然弯曲，微微向前合抱。

②弓步掤：上体微向右转，右脚向右前方迈出，脚跟着地，上体继续向右转，左腿自然蹬直，右腿屈膝，成右弓步；同时右臂向右前方掤出（即右臂平屈成弓形，用前臂外侧和手背向前方推出，高与肩平，手心向后），左手向左下落放于左胯旁，手心向下，指尖向前；目视右前臂（图 12-48）。

③后坐捋：身体微向右转，右手随即向右前摆伸，手指前指，掌心向下，同时左手翻掌向上，经腹前向上、向前伸至右前臂下方（图 12-49）。然后身体左转，重心移至左腿；同时两手下捋（即上体向左转，两手回拖左髋斜前方，左手继续向后上方划弧，直至左手高与肩平，手心向上，同时右手沿身体左侧上升直至右臂平屈于胸前，手心向后）；目随左手转视（图 12-50）。

要领：同左揽雀尾③。

④弓步挤：上式不停，上体微向右转，左臂屈肘折回，左手附于右手腕里侧。左腿蹬伸，身体重心逐渐移向右脚变成右弓步，同时上体继续向右转；同时双手向前慢慢挤出，

右手心向后，左手心向前，右前臂要保持半圆；目视右手腕部（图 12-51）。

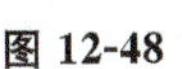
图 12-48

图 12-49

图 12-50

图 12-51

⑤后坐收掌：右手顺势前伸翻掌，左手经右腕上方向前、向左伸出，双手掌指向前，掌心向下，与肩同高，两手左右分开，宽与肩同（图 12-52）。然后右脚蹬伸，左腿屈膝，上体慢慢后坐，身体重心移至左腿上，右脚尖翘起；同时两手屈肘回收至腹前，手心均向前下方；目视前方（图 12-53）。

⑥弓步按掌：上式不停，左腿蹬伸，身体重心慢慢前移，右腿前弓成右弓步；同时两手向前、向上按出，掌心向前；目视前方（图 12-54）。

图 12-52

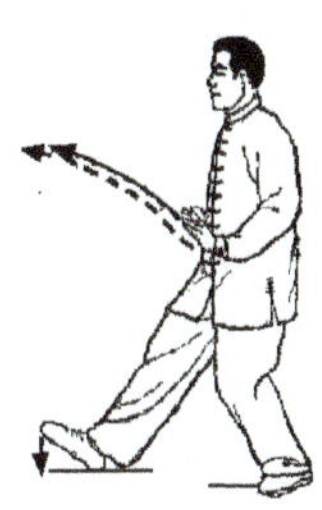
图 12-53

图 12-54

完整练习提示：揽雀尾由“掤、捋、挤、按”四个动作组成，四个动作在衔接上要做到势势相连，动作的虚实转换、姿势变化都要连贯一气，不出现停顿的痕迹；在动作过程中，身体重心保持在相同的高度，不要上下起伏；注意区别两次重心后坐时的脚尖动作，“捋”时前脚全脚掌着地，脚尖不动，“按”时前脚脚尖翘起。

（四）第四组

1. 单鞭

①转体侧抱：右脚蹬伸，上体后坐，身体重心逐渐移至左腿上（图 12-55），右脚尖里扣；同时上体左转，两手（左高右低）向左弧形运转，直至左臂平举，伸于身体左侧，手心向左，右手经腹前运至左肋前，手心向后上方；目随左手转视（图 12-56）。

要领：上体左转和重心左移同时进行，边移边转；双手左移划弧过程中，掌心向后，左手经面部前，到左侧后再向外翻掌，掌心向外，右手经腹前。

②丁步勾手：左脚蹬地，身体重心再渐渐移至右腿上，上体右转，左脚向右脚内侧收腿靠拢，脚尖虚点地；右手随上体右转经面部前方向右上方划弧，掌心向内，至右侧方时，掌心外翻变成勾手，勾尖向下，臂与肩平，左手向下经腹前向右上划弧停于右肩前，手心向里；转体过程中目随右手转视，最后目视左手（图 12-57）。

要点：收腿动作要在重心右移到右腿后再进行。

③弓步推掌：左脚向左前侧方迈出，脚跟着地，上体向左转；同时左掌随上体的左转经面部慢慢移向左侧，掌心向内(图 12-58)；接着右脚跟后蹬，左脚掌慢慢踏实，身体重心移向左腿成左弓步；同时左掌慢慢翻转向前推出，手心向前，手指与眼齐平，臂微屈，右手勾手不变；目视左手(图 12-59)。

完整练习提示：转体扣脚和丁步勾手动作连贯完成，双手走圆滑的弧线；目光跟随上面的手。

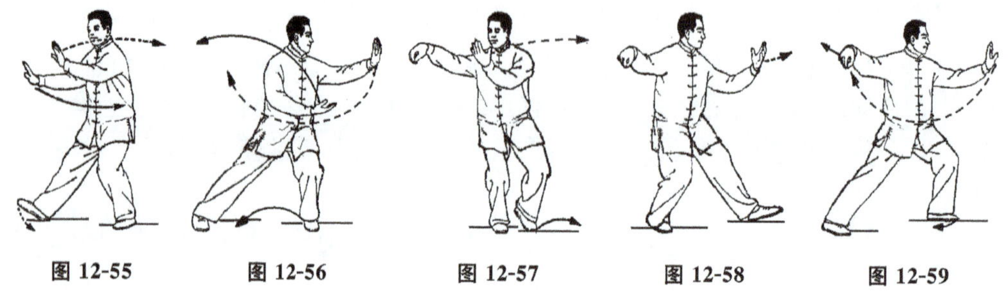

图 12-55　图 12-56　图 12-57　图 12-58　图 12-59

2. 云手

(1) 云手一：

①转体侧抱：左脚蹬伸，身体重心移至右腿上，身体渐向右转，左脚尖里扣；左手经腹前向右上划弧至右肩前，手心斜向后，同时右手变掌，手心向右前；目视右手(图 12-60)。

②并步云手：上体慢慢左转，身体重心随之左移；左手掌心向内由脸前向左侧运转，手心渐渐外翻转向左方，右手由右下经腹前向左上划弧，至左肩前，手心斜向后；同时右脚靠近左脚，成小开立步(两脚距离 10～20 cm)；目随右手转视(图 12-61)。

(2) 云手二：

①开步云手：上体再向右转，身体重心转移到右脚上；同时左手经腹前向右上划弧至右肩前，手心斜向后，右手掌心向内，经面部向右侧运转，到右侧后手心外翻向右；随之左腿向左横跨一步；目随左手转视(图 12-62)。

②并步云手：与云手一②解同(图 12-63)。

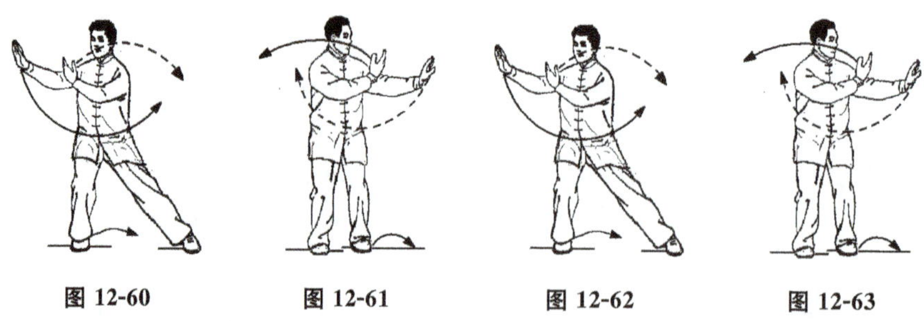

图 12-60　图 12-61　图 12-62　图 12-63

(3) 云手三：

①开步云手：与云手二①解同(图 12-64)。

②并步云手：与云手一②解同(图 12-65)。

图 12-64

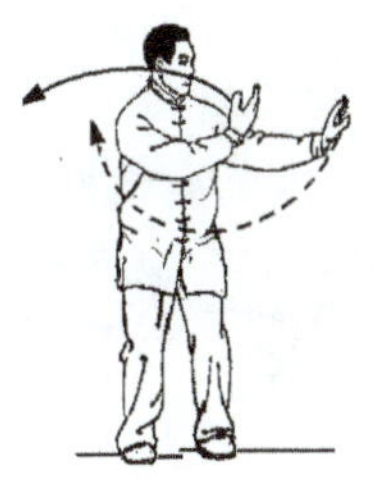

图 12-65

完整练习提示：身体转动时要以腰为轴；向左移动的整个过程重心要保持同一高度；两臂随腰运转，要自然圆活，速度均匀缓慢，三个云手的手部动作连贯划圈，不要停顿；右手沿顺时针方向划圈，左手沿逆时针方向划圈，当手运行至面部前时为最高点，掌心向面部，前臂竖立，手指向上，与眼同高，当手运行至腹前时为最低点，双手肘关节保持自然弯曲，不可僵直。

3. 单鞭

①丁步勾手：身体重心落在右腿上，左脚跟慢慢提离地面，脚尖点地，同时上体向右转；右手随上体右转经面部前方向右上方划弧，掌心向内，至右侧方时，掌心外翻变成勾手，勾尖向下，臂与肩平，左手向下经腹前向右上划弧停于右肩前，手心向里；转体过程中目随右手转视，最后目视左手(图 12-66)。

②弓步推掌：左脚向左前侧方迈出，脚跟着地，上体向左转；同时左掌随上体的左转经面部慢慢移向左侧，掌心向内(图 12-67)；接着右脚跟后蹬，左脚掌慢慢踏实，身体重心移向左腿成左弓步；同时左掌慢慢翻转向前推出，手心向前，手指与眼齐平，臂微屈，右手勾手不变；目视左手(图 12-68)。

完整练习提示：云手后，不要停顿，顺势划弧完成单鞭，使整个动作一气呵成，但动作要匀速缓慢；其余见本组动作的第一个单鞭。

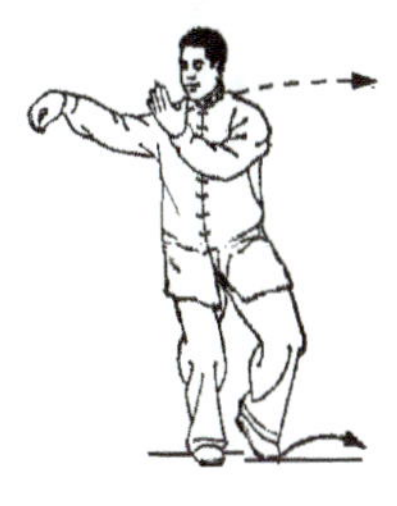

图 12-66

图 12-67

图 12-68

(五) 第五组

1. 高探马

①跟步翻掌：右脚跟进半步，身体重心逐渐后移至右腿上，同时身体微向右转，左脚跟渐渐离地；右勾手变成掌，两手心翻转向上，两肘弯曲；目视左前方(图 12-69)。

要领：在跟步前，身体重心先微微向左脚移动，但不要升高，把重心控制在左脚，使跟步时重心平稳。

②虚步推掌：上体微向左转，面向前方；右掌经右耳旁向前推出，手心向前，手指与眼

同高，左手收至左侧腰前，手心向上；同时左脚微向前移，脚尖点地，成左虚步；目视右手（图 12-70）。

要领：上体自然正直，沉肩垂肘。

图 12-69

图 12-70

2. 右蹬脚

①左手穿掌：下肢不动；左手手心向上，手指向前伸至右手腕背面，两手相互交叉；目视左手（图 12-71）。

②迈步分掌：上式不停，左脚提起向左前侧方进步（脚尖略外撇），身体重心前移，右腿自然蹬直，成左弓步；同时左手翻掌向外，双手向两侧分开并向下划弧，手心斜向下；目视前方（图 12-72、图 12-73）。

要领：迈步的脚离地不要太高，步幅要小，落脚时以脚跟先着地，然后慢慢踏实；两手外分时在身体斜前方走曲线，肘关节保持适当的弯曲度。

③跟步合抱：上式不停，重心继续前移至左腿，接着右脚向左脚内侧收腿靠拢，脚尖点地；两手由外圈向里圈划弧，两手交叉合抱于胸前，右手在外，手心均向后；目视右前方（图 12-74）。

要领：双手向下划弧时身体不要前俯，收腿动作要慢。

④提膝分掌：上式不停，重心慢慢升起，右腿屈膝提起，踝关节自然放松；同时两臂左右划弧微微分开，肘部弯曲，两手掌立掌外翻，手心均向前；目视右手（图 12-75）。

⑤蹬腿撑掌：上式不停，右脚向右前方慢慢蹬出，脚尖向上；同时两掌左右推出；目视右手（图 12-76）。

要领：重心升高后，上体要直立，不可为了右腿抬高而后仰身体；蹬腿动作完后，两腿膝关节微屈，右脚脚尖勾紧；两手推掌不要推成直线，微向斜前推出，使双手保持在一个圆弧上，右手与右脚方向一致，做到上下呼应。

图 12-71

图 12-72

图 12-73

图 12-74

图 12-75

图 12-76

完整练习提示：以高探马面对方向为正前方，右蹬脚迈步动作向前，蹬腿方向为右30°左右。

3. 双峰贯耳

①收腿合掌：右腿屈膝收回，平举，踝关节自然放松；左手翻掌，掌心向上，由后向前平摆至体前，右手手心翻转向上，双手掌沿相对，距离同肩宽，双肘微微下落回收；目视前方（图12-77）。

②迈步收掌：重心下降，右脚伸膝向右前方迈出，脚跟着地；两手同时向下划弧分落于髋两侧；目视前方（图12-78）。

要领：迈步方向是右蹬脚蹬脚方向的右10°～15°。

③弓步贯拳：左腿蹬伸，身体重心渐渐前移，成右弓步，面向右前方；同时两手慢慢变拳，分别从两侧向上、向前划弧至面部前方，成钳形状，两拳相对，高与耳齐，拳眼都斜向前下方（两拳中间距离10～20 cm）；目视右拳（图12-79）。

要领：两手向前贯拳时，伴随划弧动作，前臂逐渐内旋；完成后，双臂屈肘平抬。

图12-77

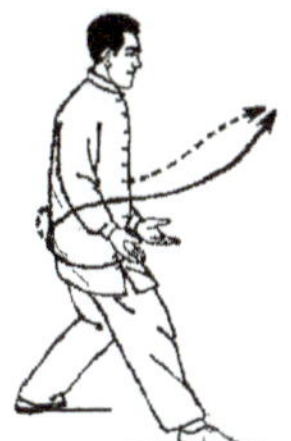

图12-78

图12-79

4. 转身左蹬脚

①转身扣脚：右脚蹬伸，左腿屈膝后坐，身体重心移至左腿，上体左转，右脚尖里扣（图12-80）；同时两拳变掌，由上向左右划弧分开平举，手心向前；目随左手转视。

要领：移重心同时转体。

②收腿合抱：上式不停，左腿蹬伸，身体重心移至右腿，左脚收到右脚内侧，脚尖点地；同时两手由外圈向里圈划弧合抱于胸前，左手在外，手心均向后；目视左方（图12-81、图12-82）。

要领：收腿动作不要太早太快，当重心完全控制在右腿上时再收腿，以保持身体平稳；重心左右移动时不要有起伏。

③提膝分掌：上式不停，重心慢慢升起，左腿屈膝提起，踝关节自然放松；同时两臂左右划弧微微分开，肘部弯曲，两手掌立掌外翻，手心均向前；目视左手（图12-83）。

④蹬腿撑掌：上式不停，左脚向左前方慢慢蹬出，脚尖向上；同时两掌左右推出；目视左手（图12-84）。

要领：同右蹬脚。

完整练习提示：转身动作时上体转动要大于90°，最后左脚蹬腿方向与右蹬脚的蹬腿方向相反，夹角约180°，连贯练习时不要忽略了重心移动，重心移动时要虚实分明。

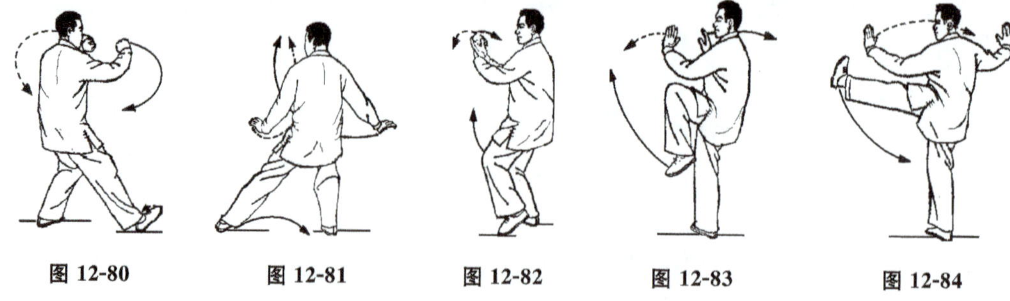

图 12-80　图 12-81　图 12-82　图 12-83　图 12-84

（六）第六组

1. 左下势独立

①收腿勾手：左腿收回平屈，踝关节放松，上体右转；右掌变成勾手，勾尖向下，左掌向上、向右划弧下落，立于右肩前，掌心斜向后；目随左手转视（图 12-85）。

②仆步穿掌：上式不停，右腿慢慢屈膝下蹲，左腿由内向左侧（偏后）伸出，成左仆步；左手沿身体右侧下落至腹前，然后向左下顺左腿内侧向前穿出（掌心向外，掌指向前，手掌拇指侧向上），右手微微下落；目随左手转视（图 12-86）。

要领：仆步时左腿不要伸太远，以便把重心完全控制在右腿上；左脚脚尖内扣。

③弓步挑掌：上式不停，身体重心前移，左脚以跟为轴脚尖尽量向外撇，左腿前弓，右腿后蹬，右脚以前脚掌为轴脚跟后顺，上体微向左转并向前起身；同时左臂继续向前上弧线伸出（立掌），掌心向右，右勾手下落，勾尖向后；目视左手（图 12-87）。

④提膝挑掌：上式不停，身体重心继续前移至左腿，右腿慢慢提起平屈，成左独立式，踝关节放松；同时右勾手变掌，由后下方顺右腿外侧向前弧形摆出，屈臂立于右腿上方，肘与膝相对，手心向左，左手下落于左胯旁，手心向下，指尖向前；目视右手（图 12-88、图 12-89）。

要领：重心升高和提膝动作要在重心完全移至左腿后再做，以便控制身体平衡；提膝和挑掌动作要配合重心上升同速完成。

图 12-85　图 12-86　图 12-87　图 12-88　图 12-89

完整练习提示：整个动作中间没有定势，各步骤要连贯完成；左手回收、前穿的路线在同一圆滑的弧线上。

2. 右下势独立

①落脚转体：右脚下落于左脚前，前脚掌着地，然后以左脚前掌为轴脚跟转动，身体随之左转；同时左手向后平举变成勾手，勾尖向下，右掌随着转体向左侧划弧，立于左肩前，掌心斜向后；目视左手（图 12-90）。

②仆步穿掌：上式不停，左腿慢慢屈膝下蹲，右腿由内向右侧伸出，成右仆步；右手沿身体左侧下落至腹前，然后向右下顺右腿内侧向前穿出（掌心向外，掌指向前，手掌拇指侧向上），左手微微下落；目随右手转视（图 12-91、图 12-92）。

③弓步挑掌：上式不停，身体重心前移，右脚以脚跟为轴脚尖尽量向外撇，右腿前弓，左腿后蹬，左脚以前脚掌为轴脚跟后顺，上体微向右转并向前起身；同时右臂继续向前上弧线伸出（立掌），掌心向左，左勾手下落，勾尖向后；目视右手（图 12-93）。

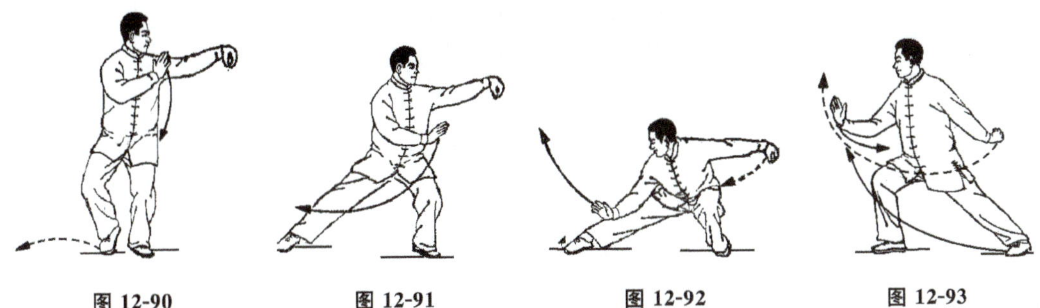

图 12-90　　图 12-91　　图 12-92　　图 12-93

④提膝挑掌：上式不停，身体重心继续前移至右腿，左腿慢慢提起平屈，成右独立式，踝关节放松；同时左勾手变掌，由后下方顺左腿外侧向前弧形摆出，屈臂立于左腿上方，肘与膝相对，手心向右，右手下落于右胯旁，手心向下，指尖向前；目视左手（图 12-94）。

图 12-94

（七）第七组

1. 左右穿梭

（1）左穿梭：

①丁步抱球：左脚向左前落地，脚尖外撇，右脚跟离地，两膝屈膝成半坐盘式，身体微向左转；同时右手向左翻掌向腹前搂抱，掌心向上，左手自然下落于胸前，平抬肘，掌心向下，两手在左胸前成抱球状（图 12-95）；然后重心移至左脚，右脚收到左脚的内侧，脚尖点地；目视左前臂（图 12-96）。

②弓步架推：右脚向右前方迈出，脚跟着地，然后左腿蹬伸，脚跟后顺，右腿屈膝弓腿，成右弓步，身体右转；同时右手由脸前向上举并翻掌，屈肘停在右额前上方约 30 cm 处，手心斜向上，左手在迈步时先向左下落至左肋，再随重心前移成立掌向前推出，高与鼻尖平，手心向前；目视左手（图 12-97、图 12-98）。

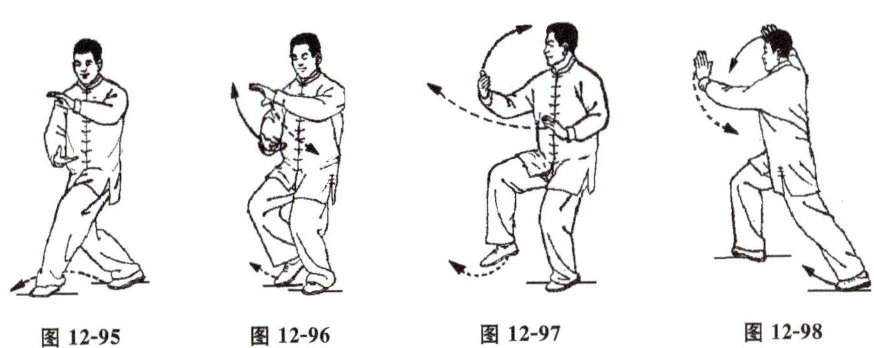

图 12-95　　图 12-96　　图 12-97　　图 12-98

要领：右手上架和左手前推的动作速度要与重心前移协调一致，做到手脚同时到达；左手不要推得过直，肘关节微屈，肘尖向下垂；推掌完成时，上体不要前倾和侧倾，两肩保持相同高度。

（2）右穿梭：

①丁步抱球：身体重心略向后移，右脚尖稍向外撇，随即身体重心再移至右腿，左脚跟进，停于右脚内侧，脚尖点地；同时左手弧线下落向腹前搂抱，掌心向上，右手自然下落于胸前，平抬肘，掌心向下，两手在右胸前成抱球状（右上左下）；目视右前臂（图 12-99）。

②弓步架推：左脚向左前方迈出，脚跟着地，然后右腿蹬伸，脚跟后顺，左腿屈膝弓腿，成左弓步，身体左转；同时左手由脸前向上举并翻掌，屈肘停在左额前上方约 30 cm 处，手心斜向上，右手在迈步时先向右下落至右肋，再随重心前移成立掌向前推出，高与鼻尖平，手心向前；目视右手（图 12-100、图 12-101）。

图 12-99　　图 12-100　　图 12-101

完整练习提示：左右两次迈步的方向与正前方成 30°左右夹角，“之”字形前进；连贯练习时不要漏做左右穿梭的衔接过程（重心后坐，脚尖外摆）。

2. 海底针

①跟步提掌：右脚顺势向前跟进半步，身体重心后移至右腿，左脚微微提离地面，身体稍向右转；重心后移时，右手下落经体侧向后、向上提抽至肩上耳旁，左手自然下落至胸腹前；目随右手转视（图 12-102）。

②虚步插掌：重心微微下坐，上体转正，左脚稍向前落，脚尖点地，成左虚步；随身体左转，右手由右耳旁斜向前下方插出，掌心向左，指尖斜向下，左手向下划弧落于左胯旁，手心向下，指尖向前；目随右手转视（图 12-103）。

要领：插掌时上体不要太前倾，避免低头和凸臀。

3. 闪通臂

①迈步提掌：上体稍向右转，左脚微微提起；同时双手上提至胸前；目视前方（图 12-104）。

②弓步架推：左脚向前迈出，屈膝弓腿成左弓步；同时右手由体前上提，屈臂上举，停于右额前上方，掌心翻转斜向上，拇指朝下，左手由胸前向前推出，高与鼻尖平，手心向前；目视左手（图 12-105）。

完整练习提示：注意不要同左右穿梭的动作混淆，此处的推掌和弓腿动作是同侧，而左右穿梭的推掌和弓腿动作是异侧。

图 12-102

图 12-103

图 12-104

图 12-105

（八）第八组

1. 转身搬拦捶

①转身抱拳：左脚蹬伸，脚尖里扣，身体向右后转，上体后坐，身体重心移至右腿上；同时右手从头上向右弧线下落，右手微上举（图 12-106）。然后身体重心移至左腿上；与此同时，右手随着转体向下（变拳）经腹前划弧至左肋旁，拳心向下，左掌上举于头前，掌心斜向上；目视前方（图 12-107）。

要领：握拳不要太紧，拳心微空。

②圈步搬拳：上式不停，右脚收回后（不要停顿或脚尖点地）即向前迈出，脚尖外撇，重心控制在左脚上，身体继续右转；右拳经胸前向前翻转撇出，拳心向上，左手落于左胯旁，掌心向下，指尖向前；目视右拳（图 12-108）。

③上步横拦：身体重心前移至右腿上，左脚向前迈一步，身体右转；左手上起经左侧向前上划弧横向拦出，掌心向前下方；同时右拳向右划弧收到右腰旁，拳心向上；目视左手（图 12-109）。

④弓步冲拳：右腿蹬伸，重心前移，左腿前弓成左弓步；同时右拳向前立拳冲出，拳眼向上，高与胸平，左手微微回收附于右前臂内侧，指尖向上；目视右拳（图 12-110）。

完整练习提示：转身和搬拳时双手动作路线可理解为同时在身体左侧顺时针划立圆；上步横拦时双手动作路线可理解为同时在齐腰高的水平面上顺时针划圆弧。

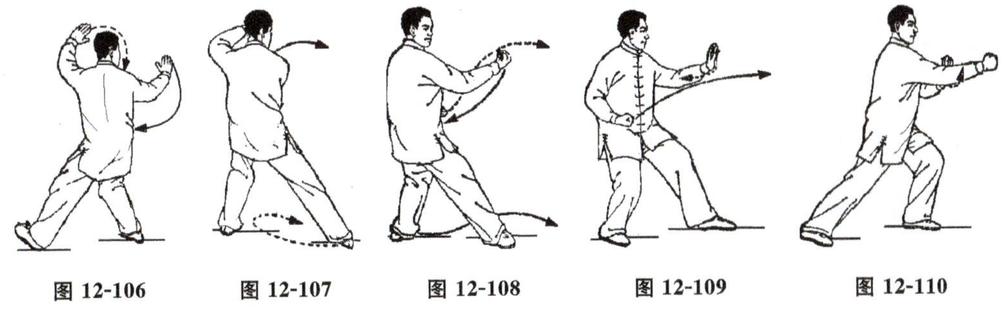
图 12-106　图 12-107　图 12-108　图 12-109　图 12-110

2. 如封似闭

①前穿分掌：左手由右腕下向前伸出，右拳变掌，两手手心逐渐翻转向上并慢慢分开，距离同肩宽；目视双手（图 12-111、图 12-112）。

②后坐收掌：左脚蹬伸，左脚尖翘起，身体后坐，身体重心移至右腿；同时两手掌心向

后回收，在胸前向外平转翻掌（前臂内旋）后降至腹前，掌心向前；目视前方（图 12-113）。

要领：重心后移时，上体保持正直，不要后仰；收掌至腹前的动作不可直线收回。

③弓步推掌：右腿蹬伸，重心前移，左脚掌慢慢踏实，左腿前弓成左弓步；同时两手经腹前向上、向前推出，腕部与肩平，手心向前；目视前方（图 12-114）。

要领：推掌不要完全伸直，保持肘关节微微弯曲，肘尖自然下垂，做到沉肩垂肘。

完整练习提示：注意同“揽雀尾”的“按”相区别，“按”的收掌时掌心是向前的，而“如封似闭”的后坐收掌是掌心向后。

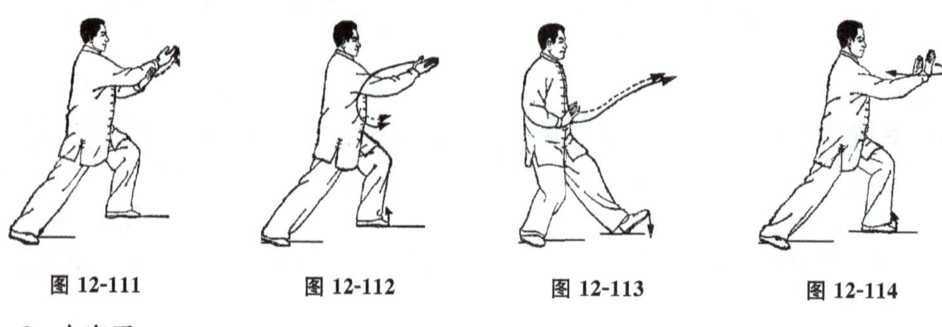

图 12-111　图 12-112　图 12-113　图 12-114

3. 十字手

①转体分掌：左脚蹬伸，右脚屈膝后坐，重心移向右腿，身体右转，成右侧弓步，右脚尖随着转体稍向外撇，左脚尖里扣；同时右手随着转体动作向右平摆划弧，与左手成两臂侧平举，掌心向前，肘部微屈；目随右手转视（图 12-115、图 12-116）。

要领：右手平摆动作要用身体右转带动，做到以腰带手；重心平移，不要有起伏；脚尖扣转后均向前。

②收腿合抱：右脚蹬伸，身体重心慢慢移至左腿，随即向左收回，两脚距离与肩同宽，两腿逐渐蹬直，成开立步；同时两手向下经腹前向上划弧交叉合抱于胸前，两臂撑圆，腕高与肩平，右手在外，成十字手，手心均向后；目视前方（图 12-117、图 12-118）。

要领：双手向下划弧时重心不必下降，上体保持正直，不要前俯或低头；双手合抱时须圆满舒适，沉肩垂肘；重心升起要在收腿完成后进行，避免边收腿边站起。

图 12-115　图 12-116　图 12-117　图 12-118

4. 收势

两手向外翻掌，手心向下，两臂慢慢下落，停于身体两侧；接着收左脚成并步站立；目视前方（图 12-119、图 12-120）。

要领：双手翻掌动作是水平翻转，手指始终向前；双掌下落时，手臂动作按沉肩、降肘、

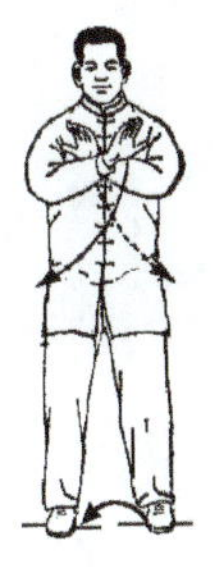

图 12-119

图 12-120

落手的顺序进行，不要做成按掌。

三、动作路线示意图

动作路线见图 12-121。

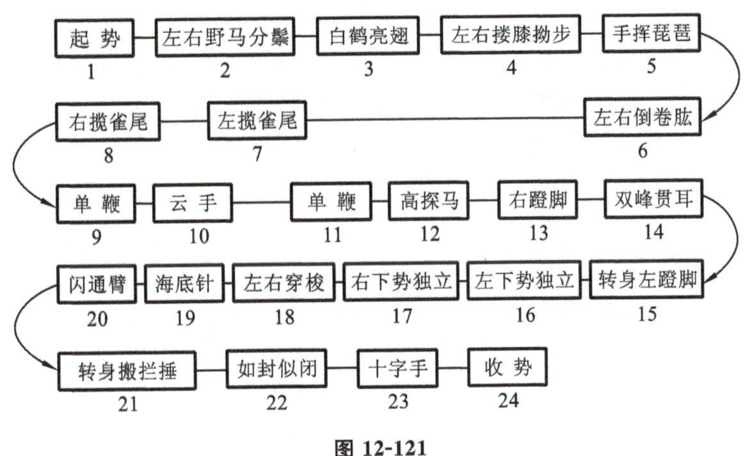

图 12-121

第三节　二十四式太极拳攻防含义

太极拳套路是以技击动作为基本内容的运动形式，攻防技击性是其基本属性，有着极其丰富的技法。二十四式太极拳虽为简化太极拳，习练时，仍应表现出中国武术的技击技法和招数。

太极拳的修炼一般要经过基本功、套路、拆拳、单操、推手、散手等若干阶段。在学会套路后应当进入拆解阶段的学习，知其然再知其所以然。二十四式太极拳教材已有十几个版本，也已列入高校教材中，由于其中几乎没有攻防含义的拆解内容，所以影响到习练者水平的提高。因此，将攻防含义解说出来，进而使习练者了解全貌是十分必要和有益的。二十四式太极拳每式不一定只有一种攻防含义，限于篇幅，本拆解主要介绍拳式动作的一种攻防含义，谨供习练者参考。

一、预备势、起势攻防含义

(1) 二十四式太极拳预备势采用太极拳的“无极势”。此拳势系桩功、静功、内功、气功、养生功,是“阴阳之母”的“无极”,是无极生太极的关键所在,积聚内功、养蓄灵机、随时发动。

预备势与起势定步与动步相交接、相补充、相转换,隐含阴阳动静周转之拳理,体现技击交手之规律。从攻防角度要求预备交手时,以静待动。要静观敌情,察来势之机,揣敌之长短,在瞬间确定敌来势而从容应变,在交手中始终保持平静的心态。

(2) 甲左上步进逼,左拳向乙头部直击,乙相机上步(或退步),双臂上抬,手背(或腕部)拥起对方肘臂(或拳腕)部,惊起对方略仰;感其下压之机双掌下按推对方胸腹部(头面部亦可)。将已之体重运行之势松沉至对方重心,使之后倒。

二、野马分鬃攻防含义

甲向前逼近,以右顺步直拳击打乙头部,乙右手外接搒抓甲右手腕部,侧闪进,上左步落于甲身体右后侧,管别其脚;同时左臂穿、靠于甲腋下,左转腰,肩背臂部向左后旋靠于甲上体,使甲身体后仰歪斜,右手顺势随送,身体重心前移过渡成弓步,夺其位,甲失去重心倒地。右势动作与左势相同,左右相反,不再另述。

三、白鹤亮翅攻防含义

甲左脚上步,出左拳击打乙头部。乙左手助力,右前臂滚架拨开甲冲来的左拳臂。甲趁乙腹部暴露之机右拳击打乙腹肋部;乙左手下搒抓甲右手腕外分,使其偏离目标,同时右手抓握甲左腕,控其形,提左足,弹其小腿或裆部、腹部、胸部。

四、搂膝拗步攻防含义

甲左脚上步,同时左直拳击乙胸口部,乙后坐转腰同时右臂向左格挡化解进攻。甲继续出右拳向乙头部直击,乙右转腰左臂向右格挡顺势化解。甲趁机起右弹腿点击乙腿部,乙左腿回收避其锋芒,左手向下、向左后侧勾搂甲左腿,消其力。乙趁机左脚上步夺位,同时右掌向前推按甲胸部,身体重心向前成弓步,迫使甲失去重心而后倒地。

五、手挥琵琶攻防含义

甲顺步出右拳攻击乙面门,乙转腰侧闪,右手外接搒腕抓握引进甲拳落空,左掌扶按甲肘部;甲不得势欲回抽手臂,乙相机上步将甲发放出去。

六、倒卷肱攻防含义

甲上前进攻,右拳直冲乙面门,乙右手外接搒抓甲腕外旋翻转,使其手心朝上同时拉臂引其重心前移;乙趁机撤步转腰,左手反推按折其腕,达到制服目的。

七、左揽雀尾攻防含义

1. 掤攻防含义

甲左拗步冲拳直击乙头部，乙伺机上右步管其左腿，同时右臂向斜上穿过乙右大臂，重心前移使甲失去重心而倒地。

2. 捋攻防含义

甲顺步逼近，右直拳攻击乙头部；乙左闪进同时右手外接掳手握其手腕顺势牵拉，引进同时左手按压在甲肘部转腰向斜下方捋甲右臂，使其倒地。

3. 挤攻防含义

甲右拳直击乙头部，乙后闪身使甲拳打空，左手内接抓握其手腕，趁甲欲回收右拳之机，带推至其软肋部，同时进左脚落在甲身体右后侧，右手掌贴按在左手腕部，左小臂挤贴在对方肋部，后脚蹬运用整体力将对方发放出去。

4. 按攻防含义

当甲上步进身挤靠乙胸腹部时，乙撤半步随势引空甲的攻势，双手扶于甲右前臂腕与肘部下按改变甲力方向；当甲背势力尽欲回收时，乙适时上半步按推甲身体重心部位发力。

八、右揽雀尾攻防含义

与左揽雀尾动作相同，左右相反。具体见前。

九、单鞭攻防含义

甲上步进逼右冲拳击打乙面部，乙左侧闪进，右手外接甲手腕部后引使其打空；甲顺势回抽手臂，乙借机左脚上步落在甲身体后侧阻挡并绊其腿，同时左手经甲腋下上穿滚推弓腿前送，左臂随势松沉切压，将其放倒。

十、云手攻防含义

甲上步进逼右冲拳击打乙面部，乙左前臂由内向外拨其右臂，左手内旋顺势抓握甲手腕，同时左脚管绊其前脚；甲右手臂被控相机出左拳进攻乙腹部，乙含胸收腹转腰同时右手左推顺势抓其腕并向左后下方牵拉其双臂将其绊倒。

十一、单鞭攻防含义

与第九势单鞭攻防含义同。具体见前。

十二、高探马攻防含义

乙顺步左直拳攻击甲头（胸）部，甲右手内接其腕顺势外拧；乙随被拧之势向前进半步，同时出右掌向甲双眼、面部推按。

十三、右蹬脚攻防含义

甲右直拳击打乙头部，乙十字手上架使其打空，趁其中部暴露出来相机提右膝顶击；甲含胸收腹回缩，乙顺势蹬右脚、右掌劈击。

十四、双峰贯耳攻防含义

甲右拳攻击乙头部，乙双手向外接架来拳，甲趁机出左拳击打乙腹部，乙右臂顺势拨挡甲左拳；甲重心后移，乙随机上步跟进，双手砍击甲颈部；甲随势双手端举乙双臂肘部，使其砍空；乙双臂顺甲抬举之势内旋肘外撑，双拳峰掼击甲头侧部。

太极拳的攻防，还有其他因素的配合，诸如内功的运用、“懂劲”等，这里就不一一详述了。

附：太极拳的教与学的评价

一、太极拳的动作评价标准

评价方法：10人为一小组，配上二十四式太极拳音乐，由教师作为裁判，对每个人的全套太极拳动作就下列评分标准作出评价。

评价标准：

成绩	动作标准
优秀	全套太极拳动作准确无误，动作中正安舒，流畅连贯，与自身呼吸配合良好，眼神到位
良好	全套太极拳动作基本正确，动作比较中正安舒，较流畅，有呼吸配合，眼神基本到位
及格	全套太极拳动作能完整的打下来，动作基本正确
不及格	不能完整的打下整套太极拳，动作僵硬，不停顿，无眼神的配合

二、教师评价的注意事项

(1) 除评价主要动作的掌握程度外，要注意掌握动作过程中的评价，以提高学生在学习过程中的思维能力。

(2) 影响动作掌握与运用的因素，除身体素质、理解能力外，还有思想情绪的因素，有时学生学习主动性不够，精神不集中会直接影响技能的掌握和形成，所以教学中应对学习态度进行适当评价，但应以正面引导为主。

(3) 评价应注意区别对待，以每个人进步的幅度进行评价，也是教学评价的重要手段之一，应结合整体评价进行。

(4) 教学评价应与教学目标相对应，评价是为了更好地激励和促进学生向正确的方向努力，以利于学生身心的发展。

第十三章　健　美　操

第一节　三种基本步法及其手部配合动作的学习

(1) 原地踏步:在原地两脚交替落地,膝盖抬到 45°,落地时脚尖先落然后脚跟再落。

手部配合:双手握拳,拳心相对,在腰间来回摆动。

(2) 一字步:左腿开始一字步,向前一步并腿;右腿退后。

手部配合:双手握拳先左再右两臂依次上举,拳心相对,双手击掌两次。

(3) 并步:左右交替并步四次,同方向两次左右并步交替两次,左脚向右侧迈一步,右脚前脚掌并于左脚脚弓处,稍屈膝下蹲。

手部配合:双手握拳,两臂胸前平屈,拳心向下,还原,交替四次。手握拳,拳心相对两臂上举,再还原,交替两次。

第二节　五种基本步法及其手部配合动作的学习

(1) 迈步后屈腿:左脚向左侧迈一步,支撑腿着地的同时,另一条腿后屈,左右腿交替后屈。

手部配合:双手握拳,双臂向前屈伸,与肩同宽,与肩平行,收回时落到腰间两侧。

图 13-1

(2) "V"字步:左脚起开始"V"字步,左脚向左前 45°迈一步,紧接着右脚向右前 45°迈一步,屈膝,然后依次回原位(图 13-1)。

手部配合:两臂上举至头顶上方(双手合掌),双臂侧平举,还原。

(3) 走步:左脚先起步向前,四步,身体以踏步形式移动。三步一点,右脚点在左脚脚弓处。右脚起后退四步,三步一点,左脚点在右脚脚弓处(图 13-2)。

手部配合:两手头上击掌,合掌时双手处于头顶,开掌时,双手位于身体斜上方 45°。

图 13-2

(4) 交换步、弓步:左脚向左边迈出一步,移动重心,右脚抬起后原地落下;左脚向前上步,右脚紧跟左脚回到正步;左腿向左方向侧出成右弓步,回到原位。

手部配合:左手弯曲,胳膊肘位于身体斜上方 45°,手掌放至胸前,掌心向外,右手放于身体右侧,自然垂落;左手保持不变,右手弯曲同左手一致。双手伸直从头顶最远方向滑落至双手平举，还原；左手向右方向平举于身体90°，还原；双手至胸前击掌两次。

第三节　四种基本步法及其手部配合动作的学习

(1) 交叉步、迈步后点地：左脚往左方向迈步，右脚后交叉步，向左转体90°并屈右腿。右腿落下形成并步，左脚向右迈步后点地，向左迈步并腿，同时体转回原位。

手部配合：左臂侧平举，右臂胸前平屈，两臂还原于体侧。两臂上举，并脚方向同侧手臂侧平举，另一侧胸前侧平屈，双臂上举，还原。

(2) 迈步吸腿：右脚斜45°上步同时吸左脚，点脚，吸腿；相反方向重复动作。

手部配合：左臂斜上举，右臂胸前屈，左臂胸前屈，右臂斜下摆两次；相反方向重复动作。

(3) 交替步：向右斜后45°方向迈步，收腿时回到正面，左右交替并步四次。

手部配合：由屈臂扩胸至胸前击掌做四次。

第四节　四种基本步法及其手部配合动作的学习

(1) 上步吸腿：左脚起走步三步，右脚吸腿，右脚落至左脚斜前方，走步后退三步。

手部配合：双手腰间前后运动，吸腿同时双手在头顶击掌合十。落腿双手腰间前后运动。

(2) 侧点步：左脚往前上步弯曲，右脚点地，右脚收回弯曲，左脚点地，重复四次。

手部配合：右手点在左肩位置，右手伸直向右边平行，相反方向重复四次。

(3) 迈步吸腿：右脚斜45°上步同时吸左脚，点脚，吸腿；相反方向重复动作。

手部配合：左手放在左腿旁，右手举向右斜上方45°，右手收回，相反方向重复动作。

(4) 后走步：向左斜后45°方向左脚起后走步四步，相反方向重复动作。

手部配合：双手握拳在腰间在胸前方划半弧形。

第五节　两种基本步法及手部配合的学习、规定动作第六节的学习

(1) 迈步点地：左脚向左迈步，右脚点地，依次交换重心，形成迈步点地。

手部配合：双手握拳放在胸口处，放下时双手伸直下落，双臂夹紧。重复。

(2)"V"字步：左脚向左前45°迈一步，紧接着右脚向右前45°迈一步，屈膝，然后依次回原位，形成"V"字步。

手部配合：左手向左上方45°方向运动，右手随后向右上方45°方向运动。双手握拳在胸口处前后绕动。

(3)规定动作第六节：①节拍1～2左脚向左迈步，双手打开抬平至身体两侧。

节拍3～4双手胳膊肘往回扣形成十指相扣，手心朝里。

节拍5～8转体90°，脚的位置保持不变，左脚勾脚。手心向外推的同时双手伸直，十指相扣至身体左侧。头看正前方。

②身体和脚保持不动，双手保持十指相扣往下放至大腿根部。

③脚的方向不动，左脚保持勾脚，右腿弯曲，同时双手延伸至左脚脚踝处，头看正前方。

④保持姿势，头往下看向脚尖，双手抱住脚踝。

⑤同①～④相反方向重复动作。

第六节　规定动作第七节、第八节的学习

(1)规定动作第七节：

①节拍1～2双脚保持与肩同宽，双手依次经过头顶以最远方向打开至双手平行。节拍3～4保持不动。

节拍5移动重心至左边，左脚不动，右脚点地，左手不动，右手平移至正前方，双手形成90°。节拍6～8保持不动。

②保持姿势不动，右脚抬起25°。

③节拍1～4保持姿势不动，右脚落下来点地。

节拍5～8交换重心左脚点地，右手平移至身体右侧，左手平移至正前方。

④保持姿势不动，左脚抬起25°。

(2)规定动作第八节：

①节拍1～4保持姿势不动，右脚落下来点地。

节拍5～8重心移回至双脚重心，双手打开至身体两侧。

②节拍1～2双脚弯曲，双手向内绕环；节拍3～4回到原位。

节拍5～8左手抓住左脚脚踝，单脚重心保持不动。

③保持姿势不动。

④结束造型：左脚往后落脚与右脚形成一条直线，右脚脚尖点地，双手手心朝下，形成斜上方45°。

第十四章　运动处方

第一节　运动处方的由来及运用

一、运动处方的由来

《庄子》、《黄帝内经》、《左传》等都体现了运动处方的思想；华佗更是发明了“五禽戏”来进行治病、健身。

医生看病讲究对症下药，运动健身当然也要有的放矢，我们知道，医“师”给人看病都要开“药方”，而体育教“师”给学生上课却很少开“运动处方”，是体育教师不会开“运动处方”还是学生不会用？中小学生正处在生长发育的高峰期，如果能在科学合理的运动处方指导下进行自主锻炼，将更有利于青少年健康成长。所以新课程标准把健身计划和运动处方纳入到中小学水平目标中，明确了具体的目标和要求（见下表）。课程标准中要求学生学会合理安排锻炼时间，能根据自身情况制订个人锻炼计划，知道如何为他人制订运动处方，但是现有的体育类教材缺少具体的方法指导，现任的体育教师缺少这方面的知识结构，更缺少值得参考的操作模式，传统体育教学体系还存在许多误区，所以青少年运动处方还存在许多研究空白值得我们去研究探讨。

新课程标准中关于健身计划和运动处方的目标和要求

	领域	领域目标	水平目标	具体要求
水平四	运动参与	用科学的方法参与活动	①合理安排锻炼时间； ②掌握测量运动负荷的常用方法	①合理安排锻炼时间； ②运用脉搏测定等常用方法测量运动负荷

续表

	领域	领域目标	水平目标	具体要求
水平五	运动参与	用科学的方法参与活动	①根据科学原理制订并实施个人锻炼计划； ②学会评价锻炼效果的方法	①知道科学锻炼原理； ②知道如何设置锻炼目标； ③根据自身情况制订个人锻炼计划； ④按计划坚持锻炼
水平六			知道如何制订运动处方	①知道如何为自己制订运动处方； ②知道如何为他人制订运动处方； ③为他人(家人或同伴)制订运动处方

二、运动处方种类

运动处方种类

种　　类	对　　象
训练处方	运动员
功能处方	受伤运动员
康复治疗处方	失健者
健康增进处方	正常人
疾病治疗处方	患特定疾病的人

三、运动处方的内涵和价值

运动处方是指符合个人状况所制订的运动程序；是以身体练习为手段(含意念性练习)，为改进、完善、提高、增强身体某一部分或某一些器官的功能而有针对性地实施的系列练习方法。

运动处方类似医生给病人开的医疗处方，即拥有执业资格的康复师、健身教练或体育工作者给锻炼者按其年龄、性别、健康状况，身体锻炼经历和心肺或运动器官的机能水平等，用处方的形式，规定适当的运动内容、锻炼方法和运动量的大小。运动处方相当于医生开的“方子”，锻炼项目和锻炼计划相当于各种“药”，练习的方法就相当于服药的方法，怎么搭配？多少“剂量”？持续多长时间？只有科学合理才有良好的效果。

过去传统的课堂教学十分重视运动强度和运动密度，大纲要求一堂课的运动强度一般为1.4～1.6，平均心率在125次/分左右，练习密度一般是30%～50%。它有好的一面，但也存在不足，例如力量练习就不太适合用心率来测量运动强度，而是通过练习重量来评估的；有氧练习时不同个体之间由于存在差异性，规定相同的运动强度会出现好学生“吃不饱”，弱势群体受不了，所以多年来一直出现跑步猝死现象。因此不论是课外活动，还是课堂教学我们都需要制订科学合理的健身计划和评估方案，保证学生安全有效地健身。研究证明，利用运动处方对青少年进行有规律的体育活动不仅可以提高有氧能力，增加肌肉力量，提高骨骼矿物质浓度，改善身体成分，还可以培养良好的心理状态。

四、运动处方对人体的作用

1. 增强心肺血管的功能 可使心肌强健有力，动脉管壁的弹性增加，进而降低血压，增强血液循环，保证全身组织器官的营养供应。

2. 使肌肉更为健美 增强肌肉力量、体积和弹性，减少脂肪组织。

3. 增强关节、骨骼和肌肉的机能 增强关节活动性，使软骨、韧带和肌腱等结缔组织增厚，并富有弹性。减少损伤。

4. 使皮肤更加充满活力 促进血液循环，增强结缔组织弹性，减少皱纹形成，推迟皮肤衰老。

5. 保持健康的心理 释放被压抑的情感，使心理恢复平衡和愉快。能增强心理承受力，使工作、生活更轻松，减轻疲劳，使运动者始终保持旺盛的精力。

6. 增加食欲，促进消化能力 促进消化机能，增强营养的吸收和利用，提高糖代谢水平和排除代谢废物的能力。

运动处方对人体的作用见图 14-1。

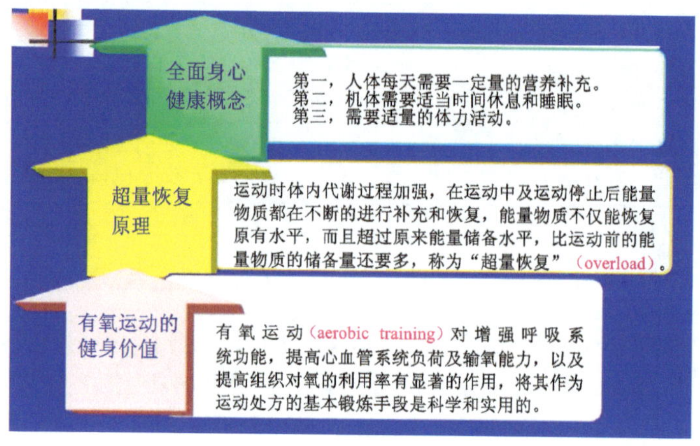

图 14-1

五、运动目的

(1) 减肥。

(2) 健身或改善心脏功能和代谢。

(3) 增强肌肉力量。

(4) 释放精神压力。

(5) 因人而异。

六、运动项目

应该考虑以下条件，以利于健身锻炼的安全、持久、实效。

(1) 经医学检查许可。

(2) 运动方式、运动强度、运动量符合本人的体力。

(3) 为本人喜欢的项目并具有运动经验。

(4) 场地、器材设备许可。

(5) 有同伴与指导者。

七、运动种类

第一类　有氧耐力运动项目:步行、慢跑、登山、游泳、跳绳、骑自行车、划船、滑冰、越野滑雪、登楼梯以及室内功率自行车、跑台运动等。

第二类　伸展运动及健身操:广播体操、武术、健身操、跳舞及各类医疗体操和矫正体操等。

第三类　力量性锻炼:引体向上、俯卧撑、爬绳等;也有克服器械阻力的练习,如杠铃、哑铃、力量训练器等。一般力量负荷采用中等强度;每次进行 8～10 组练习,每组重复 8～12 次,每周至少锻炼 2 次。

第二节　运动处方的制订

所谓的运动处方或健身计划主要是围绕提高五大身体素质(力量、速度、耐力、灵敏、柔韧)进行设计和制订的,包括抗阻训练计划、有氧耐力训练计划、速度训练计划、增强式训练计划以及康复训练计划等,青少年通常进行有氧耐力训练和抗阻训练,所以对青少年需要在这两个方面加强学习和指导。

(一) 青少年抗阻训练计划的制订原则和内容

很多研究显示,抗阻训练不会影响青少年身高的发育,儿童和成年人一样,在 6 岁的时候就可以从抗阻训练中受益,如增加骨骼矿物质浓度,改善身体成分(减少脂肪含量),加强心血管适应能力,发展运动技能,减低血脂等。

抗阻训练中所有有效的健身计划都是以三个一般性的训练原则为基础:专门性原则、超负荷原则、渐进式原则。

1. 抗阻训练计划的组成

① 身体素质评价:主要测试心率、血压、身体成分、身高、体重、肌肉力量和耐力、心血

管耐力和适应性；判断练习者主要训练目标是肌肉耐力、肌肉增粗（肌肉大小）还是肌肉力量。肌肉最大力量的测定方法有多种，但青少年应避免进行测试，一般通过训练负荷评估法推算最大力量（见下表）。

%1RM 与最大重复次数的关系

%1RM	最大重复次数
100	1
95	2
93	3
90	4
87	5
85	6
83	7
80	8
77	9
75	10
70	11
67	12
65	15

注：根据此表测算自己的最大力量。例如，在杠铃卧推时 70 kg 能完成 10 次，说明最大力量的 75%是 70 kg，那么卧推的最大力量大约等于 70 kg ÷ 75% = 93 kg。

② 运动的选择：受专门性原则、运动时间、现有场地器材和运动经验的影响。

③ 训练频率：通常指一周的训练次数（见下表）。

抗阻训练频率的指导原则

抗阻训练水平	每星期训练的天数
初级者	2～3
中级者	3～4
高级者	4 次以上

④ 运动顺序：不同动作练习的先后顺序直接影响锻炼的效果。

⑤ 运动量：次数和组数（见下表）。

抗阻训练的目标和负荷量、重复次数、重复组数、休息时间的关系

训练目标	负荷（%1RM）	目标次数	组数	休息时间
肌肉耐力	≤67	≥12	2～3	≤30 s
肌肉增粗	67～85	6～12	3～6	30～90 s
肌肉力量	≥85	≤6	2～6	2～5 min

注：在训练目标基础上安排负荷量、训练量和休息时间。

⑥ 内容的多样化:每周要有所变化,如金字塔式训练。

⑦ 运动量的渐进性:2 对 2 原则。

2. 抗阻训练的安排顺序(举例说明)

① 爆发力练习—其他核心练习—辅助练习:

高翻—上举—前蹲—卧推—坐位下拉—伸肘下拉—屈腕—坐位提踵

② 多关节运动—单关节运动:

背蹲—蹬腿—卧推—坐位下拉—屈臂—仰卧伸肘—侧举

③ 大肌群—小肌群:

前蹲—背蹲—卧推—肩上推举—坐位下拉—高脚腹部屈收—屈臂—伸肘下拉

④ “推”和“拉”交替练习:

背蹲—屈腿—站位提踵—提肘上拉—下斜卧推—哑铃屈臂—肩上推举—坐位下拉

⑤ 上肢和下肢交替运动:

蹬腿—卧推—弓步—耸肩—伸膝—哑铃肩上推举—屈腿—伸肘

3. 青少年进行抗阻训练的主要指标和参数

青少年进行抗阻训练主要利用轻器械(如哑铃、实心球等)、单双杠、组合器械、自身体重或橡皮绳等进行单关节或多关节练习。常见的抗阻训练计划指标和参数见下表。

青少年进行抗阻训练的主要指标和参数

抗阻训练指标	参考数据
负荷	60～85 %1RM
目标次数	6～15
组数	1～3
间歇时间	30～90 s
频率	2～3 次/周

(二) 青少年有氧耐力训练计划的制订原则和内容

1. 有氧耐力训练计划的制订原则

① 专门性原则:训练结果直接与训练类型相关。包含一种有氧运动形式的训练不能保证与另外一种不同的有氧运动形式取得相同的结果。例如,一个人通过跑步获得了高水平的有氧能力,但未必在自行车、游泳运动中具有相同的有氧能力。应该在专门性原则的指导下结合学习目标制订有氧耐力训练计划,有氧耐力训练是任何一般训练原则的基本成分。

② 渐进式原则:训练频率、强度或持续时间的增加量每周不应超过 10%。

2. 有氧耐力训练的要素

① 运动形式:器械(如跑台、爬梯、固定自行车)和非器械(跑步、有氧操)等;依据现有的仪器、个人喜好、完成的能力和目标选择运动形式;

② 运动频率:每星期 2～5 天;

③ 每次运动的时间和训练强度:每次至少 30 min,训练强度一般确定在 70%～85%

APMHR(最大心率)或者 50%～85% APMHR。

3. 训练强度的测定方法和意义

有心率计算法、主观努力感觉等级法(RPE)和观察法,一般利用心率来计算训练强度。自我测定心率通常使用食指和中指指尖切脉(臂动脉、颈动脉、桡动脉或颞动脉),运动和运动后计数心率一般持续时间为 6 s、10 s 或 15 s,安静心率计数时间一般为 30 s 或 60 s。

利用心率计算运动强度的方法有两种:

最大心率(APMHR)=(220－年龄)次/分

方法一:靶心率(THR)=最大心率(APMHR)×运动强度

方法二:靶心率(THR)=心率储备(HRR)×运动强度＋安静心率(RHR)

=(最大心率－安静心率)×运动强度＋安静心率

例如:15 岁的中学生,训练强度 70%,安静心率 75 次/分,则

靶心率(THR)=[(220－15)－75]×70%次/分＋75 次/分=166 次/分

过去传统教学中通过平均心率来检查学生运动强度的方法是存在误区的。由于不同的个体心肺功能存在差异性,所以安静心率差别很大,因此运动中,达到同样的心率对不同的个体来讲,运动强度完全不同,少数心脏功能较弱的学生为了追求“不平等”的目标往往导致超负荷运动,甚至产生伤害事故。

4. 青少年有氧练习的主要指标和参数

传统教学大纲中有氧训练的主要形式是跑步,现在提倡采用不同的方式方法,发达地区已经在不断尝试和更新,有氧操目前就很受普及,轮滑比跑步更受学生欢迎,上海已经把游泳纳入九年义务教育。青少年有氧练习的内容以活动性内容为主的(靶心率为 70%～85%最大心率),见下表。

青少年进行有氧训练的主要指标和参考数据

指标	健康标准	最佳功能标准
频率	每天进行多次单元活动(3 次以上)	每天进行多次单元活动(3 次以上)
强度	活动强度中等(中间休息)	中等到剧烈(中间休息)
时间	3～4 kcal/(kg・d) 总的持续时间达 30 min 以上的活动	6～8 kcal/(kg・d) 总的持续时间达 60 min 以上的活动
活动内容	游戏、步行、自行车、轮滑、游泳、球类活动、民族体育等	8～12 项循环训练: 跳绳、拉伸、重量练习(如跳远、推举、蹲起)、球类活动、平衡训练、往返跑、跳操等

三、青少年运动处方的制订方法和管理模式

(一) 运动处方的制订方法

1. 诊断

(1) 咨询:是否有危险因素,如损伤史、家族史、糖尿病、肥胖、不经常运动等。

(2) 评估：根据年龄、性别、锻炼目标、健康状况和功能水平选择测试内容。

(3) 测试：心率、血压、身体质量指数(BMI)、肌肉力量(如卧推、俯卧撑等)、肌肉耐力(长跑等)、坐位体前屈(柔韧)、10 m×4 往返跑(灵敏)、速度等，进行有针对性的测试很有必要。

2. 参考

(1) 身体测试结果。

(2) 学生的需要和目标。

(3) 训练经验和现有的训练水平(参考学习水平和体育课成绩)。

(4) 根据学习、生活的规律，确定锻炼时间。

3. 设计

如果一名学生希望发展柔韧性，则可以进行以下柔韧性素质训练。柔韧性素质训练包括评价躯干和下肢柔韧性的坐位体前屈测试，肩关节活动的持棍转肩，双手背勾试验，以及躯干旋转活动性的臂夹棍转体试验。进行坐位体前屈测试时，需要一块有垂直背靠面的平地，以及一个宽 50 cm、高 30 cm 的三面测试木箱。受试者坐在垫子上，背及臀部紧靠在垂直面上，两腿并拢，膝关节保持伸直状态，脚尖向上；将箱体架在双腿上方，双手尽量伸直，以虎口握住箱体边缘；测试时，身体尽量前倾并缓慢推动箱体，测量木箱滑动的距离。柔韧性的简易评定法有以下几种方法。

① 颈部，取坐位，背部紧靠椅背。尽量低头、抬头、左右转头、左右侧倾。

② 躯干，取坐位，上体前屈时，躯干应能触到大腿；上体后屈时，观察被评定者在关节保持不动的前提下，上体能够向后屈曲的程度。测试上体左右旋转的幅度时，应保证骨盆固定。上体的转动应能达到 90°。

③ 肩关节，取仰卧位，去枕。要求被评定者肩关节尽量屈曲，如能将上肢平放于床面，上臂贴近耳侧，说明肩关节屈曲、外展的 ROM 正常。坐位或站立位，如果手可摸到颈后，说明肩关节外旋功能基本正常；如果向后可以摸到对侧的肩胛骨，说明肩关节内旋功能基本正常。

④ 肘关节，坐在桌旁，将上肢平放于桌面，掌心向上，如果手背能接触桌面，说明伸肘的 ROM 正常；如果屈肘，手指能触到同侧的肩部，说明屈肘的 ROM 基本正常。

⑤ 髋关节，仰卧位，抬起一侧下肢，膝关节伸直。如果被评定的下肢能达到垂直位，说明下肢的柔韧性正常。

⑥ 膝关节，仰卧于床上，两脚伸出床外。小腿远端如果可以平放于床边，说明伸膝功能 ROM 正常。膝关节有功能障碍者，可进一步观察两足跟是否同高，足跟较高的一侧，膝关节有伸膝功能障碍。坐位，双手抱膝，尽量使足跟靠近臀部。足跟能接近臀部，说明屈膝功能基本正常。观察两足尖位置，足尖在前的一侧，有屈膝功能障碍。

⑦ 踝关节，取坐位，两腿伸直，踝关节尽量跖屈、背屈，观察踝关节活动幅度。赤足或穿平底鞋全蹲，如果足跟不能平放于地面上，说明踝关节背屈 ROM 不足，需要进行锻炼。

⑧ 躯干下肢，站立摸足尖试验可以用来评定体前屈、骨盆前倾、髋关节屈曲的活动幅度，以及下肢的柔韧性。上体前屈时，膝关节不得屈曲，用双手尽力触及地面，观察指尖与地面的距离，或双手可以触及地面的方式。也可使用类似坐位体前屈测试仪的仪器较

精确地测定。

4. 提高柔韧性的锻炼方法 首先在助手的帮助下,使肢体达到关节活动幅度地最大限度,然后被拉长的肌肉用力对抗助手给予的阻力,使肌肉最大强度地等长收缩;坚持10 s左右,放松;这时肢体可以很容易地被推到一个更大的最大限度,再次做肌肉最大强度的等长收缩,各次之间基本没有间隔时间。一般重复在3~5次,关节活动幅度每次提高幅度较明显,之后提高的幅度下降,可重复至10次左右。

5. 教会学生自己开"处方" 对普通的伤风感冒,医生开的"方子"几乎大同小异,很多有一点医学常识的人不去看医生,自己就可以解决。同样的道理,中学生要增加上下肢力量、增加跑步的速度、增强柔韧性,我们完全可以教会学生如何进行自我诊断、自我锻炼。

(二) 运动处方的管理模式

我们可以为一些有特殊需要的学生制订个性化的运动处方,但一所学校有几千名学生,我们怎样才能够为更多的学生制订运动处方呢?下面将根据多年的实践经验总结的几种操作模式介绍给大家,以供参考。

1. 体质健康测试的运动处方模式 现在每年学生都要进行体质健康测试,我们可以在开学后首先对学生进行全面测试,就相当于开运动处方前的"诊断",然后根据学生的年龄、性别特点,针对体质健康测试的内容(800 m/1000 m、肺活量、坐位体前屈、50 m、立定跳远、引体向上、屈臂撑、仰卧起坐等)制订相应的运动处方,课堂上教会学生各项运动处方的使用方法和注意事项,引导学生如何针对自己的不足选择练习内容并按正确的方法去练习。这样学生通过多年的实践将会逐步掌握简单的运动处方的使用方法。

2. 寒暑假作业式运动处方模式

① 普通式运动处方:主要以发展体能为主。

② 个性化运动处方:一学期下来少数学生的体育成绩比较落后,需要为他们制订个性化的运动处方。

3. "校园吉尼斯"运动处方模式 "挑战自我,冲击极限"的校园吉尼斯比赛活动在很多学校已经形成传统,可针对挑战的项目制订相应的运动处方供学生参考,有特长的学生可以此为参考,利用课余时间进行自我锻炼。

以上的这些处方模式,都是为学生建立目标,通过不同目标的设定给青少年学生运动处方的制订提供方向,再根据学生的年龄、性别、健康状况、身体锻炼水平、运动经历和心肺或运动器官的机能水平等,用处方的形式,规定适当的运动内容、锻炼方法和运动量的大小。经过一段时间的合理锻炼,再参加相应的目标测试,检查运动处方的效果,根据实际情况进行诊断和处方修订,以期达到最佳的效果。

四、制订青少年运动处方的注意事项

(一) 安全第一,重视兴趣的培养

(1) 考虑环境、气候、地域、风俗习惯等特点。

(2) 训练环境要安全并远离危险因素。

(3) 尊重青少年的想法,并由有资格的成年人进行监督训练。

(4) 根据青少年的年龄、性别等生理特点制订运动处方。

(5) 为了最佳效果,训练计划应该多元化,避免单调以致青少年兴趣下降。

(二) 简单易行,符合学生的特点

当前体育教师很少给学生制订运动处方的原因很多,有的认为学生学习压力大,作业太多,没有时间锻炼,也有人认为学生自觉性不够或运动场地器材有限。根据我国现在的教学条件和教学现状,除了发达地区的少数重点中学外,大部分地区的学校都没有健身房(以组合器械或自由重量为主),或者虽有健身房,但不能满足正常的需求,所以完美的力量训练存在一定的难度。是不是没有很好的条件,就不能进行很好的锻炼了呢?其实不然,如果掌握了训练的原则和方法,可以利用各种条件,创造出五花八门的练习手段和方法,同样可以制订出完美的运动处方以达到理想的效果。

下面以俯卧撑为例,介绍发展胸大肌或肱三头肌的运动处方,简单易行,科学高效,非常适合青少年学生。

青少年进行俯卧撑锻炼的运动处方

发展部位	发展目标	练习次数	组数	间歇时间	普通学生常用方法	备注
胸大肌(三角肌前部和肱三头肌)	肌肉耐力	15～30	2～3	≤30 s	上斜俯卧撑	根据个人水平每周练习2～4次
	肌肉增粗	8～12	3～6	30～90 s	平地俯卧撑	
	肌肉力量	≤6	2～6	2～5 min	下斜或负重俯卧撑	

方法介绍:

①按姿势分类:站立推墙、上斜60°俯卧撑、上斜45°俯卧撑、上斜30°俯卧撑、平地俯卧撑、下斜30°俯卧撑、下斜45°俯卧撑、下斜60°俯卧撑、倒立俯卧撑。

②按手型分类:指尖向前、指尖相对、指尖向外。

③按手臂的宽窄分类:窄(主要发展肱三头肌)、髋宽、肩宽、宽。

④特殊形式:膝盖俯卧撑、五指(三指、两指)俯卧撑、单臂俯卧撑、击掌俯卧撑、实心球俯卧撑、转体360°俯卧撑(爆发力)、负重俯卧撑、双人俯卧撑、双杠俯卧撑、稳定球俯卧撑。

运动处方在我国学校体育教育实践中过去根本没有体现出价值,最多只能说是一个"新名词",还停留在喊口号阶段,缺少实践性研究,新课程改革正在努力实现它的价值,所以运动处方被纳入了课程标准中,这是新课程赋予的任务,是新课程改革努力的一个方向。新课程改革要促使更多的体育教师懂得科学合理地制订运动处方,让更多的学生学会使用运动处方并能为自己选择运动处方。

附表 1

尊敬的________同学家长：

由于您的孩子下面表格中的身体素质低于同年龄的平均水平，参加我校体育考试存在困难，希望我们能“家校”合作，共同来提高您孩子的身体素质，使其不足之处得到改善，同时为以后体育健康发展奠定基础。

本着健康第一、全面发展的指导思想，我们设计了一份暑假自我健身运动处方，希望你们能够帮助孩子来共同完成。

您的希望就是我们的追求！

附表：

项　目	50 m	立定跳远	引体向上	仰卧起坐	跳绳
成　绩					
目　标	女生 8.8 s	女生 1.75 m	3 个	35 个	150 个
素质类别	速度	下肢力量	上肢力量	腰腹力量	耐力

贵州省人民医院护士学校

年　　月　　日

附表 2

贵州省人民医院护士学校

________年暑假体育自我锻炼运动处方

班级：________　　姓名：________

项目负荷	组间休息	第 1 周			第 2 周			第 3 周			第 4 周			第 5 周			第 6 周		
俯卧撑 10 次×3 组	1～3 min																		
立定跳远 10 次×3 组	2～5 min																		
跑楼梯： 练频率 20 级×6 组	1 min																		
跑楼梯： 练步幅 20 步×6 组	1 min																		
仰卧起坐 (20～30)次×3 组	60 s																		
跳绳 1 min×3 组	30 s																		
柔韧性练习	10 次																		
其他																			

注：每周练习 3 次，隔天练习(如每周一、三、五)，记录练习的时间和完成的组数，只有完成规定的组次并按照规定组间休息去练习才能取得最佳的效果；“其他”一栏可以记录自己进行的其他运动。

家长监督小结：

第十五章　音乐鉴赏

音乐是反映人类现实生活情感的一种艺术。

音乐可以分为声乐和器乐两大类型，又可以分为流行音乐、古典音乐、民族音乐、乡村音乐、原生态音乐等。

在艺术类型中，音乐是比较抽象的艺术。音乐从历史发展上可分为中国古代音乐和西方音乐。中国古代音乐理论基础是五声音阶，即宫、商、角、徵、羽，而从西方传过来的是七声音阶。音乐让人赏心悦目，并可以给人带来听觉的享受。

构成音乐的三要素如下。

节奏：音乐旋律进行中音阶、音符或者音节的长短和强弱等。音乐的节奏常被比喻为音乐的骨骼。

旋律：也称“曲调”。高低起伏的乐音按一定的节奏有秩序地横向组织起来就形成旋律。

平行旋律：

幸福拍手歌

1=G $\frac{2}{4}$

〔日〕木村利人词
有田怜曲
陈永连译配

5. 5 | 1. 1 1. 1 1. 1 7. 1 | 2 X X 5. 5 |

1.如果感到幸福你就拍拍手，（拍　手）如果
2.如果感到幸福你就跺跺脚，（跺　脚）如果
3.如果感到幸福你就伸伸腰，（伸懒腰）如果
4.如果感到幸福你就挤个眼儿，（挤眼儿）如果
5.如果感到幸福你就拍拍肩，（拍肩膀）如果
6.如果感到幸福你就拍拍手，（拍　手）如果

2. 2 2. 2 2. 2 1. 2 | 3 X X 5. 5 |

1.感到幸福你就拍拍手，（拍　手）如果
2.感到幸福你就跺跺脚，（跺　脚）如果
3.感到幸福你就伸伸腰，（伸懒腰）如果
4.感到幸福你就挤个眼儿，（挤眼儿）如果
5.感到幸福你就拍拍肩；（拍肩膀）如果
6.感到幸福你就拍拍手，（拍　手）如果

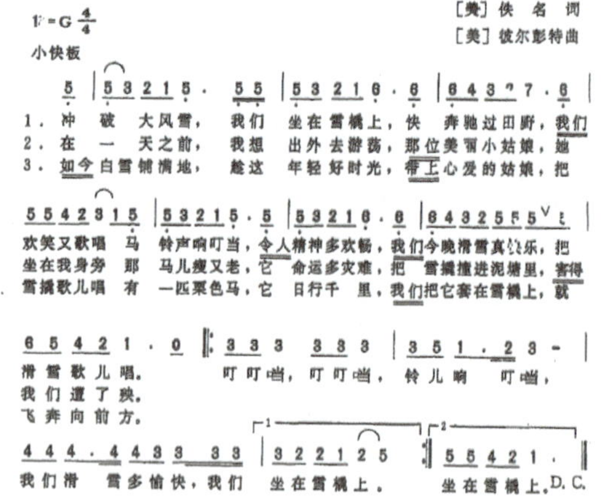

上行旋律：

1 = C　2/4

一二　三一 | 二三　四五 | 五

1 2　3 4 | 5 6　7 i | i – | i – ||

和声：包括“和弦”及“和弦进行”。和弦的横向组织就是和声。

本章主要介绍流行音乐和古典音乐。

第一节 流行音乐

一、欧美流行音乐

（一）关于流行音乐

所谓流行音乐（popular music），是指那些结构短小、内容通俗、形式活泼、情感真挚，并被广大群众所喜爱，广泛传唱或欣赏，流行一时的甚至流传后世的乐曲和歌曲。这些乐曲和歌曲，植根于大众生活的丰厚土壤之中。因此，又有“大众音乐”之称。

（二）流行音乐的起源

流行音乐起源于布鲁斯（Blues）音乐，毫不夸张地说，没有布鲁斯的影响，流行音乐不会是现在的这个样子。

流行音乐起源于19世纪，在20世纪得到迅速发展。西方尤其是欧美发达国家的流行音乐在世界上占有重要地位，美国是世界上流行音乐最发达的国家，也是流行音乐的主要发源地。如今，世界各国的流行音乐形态基本上都是在美国流行音乐的基础上发展而来的。

（三）流行音乐的特点

流行音乐具有以下特点：大众性、时尚性、新奇性、娱乐性、商品性、快速更替性、参与性、即兴性。

（四）流行音乐的主要风格

1. 布鲁斯（蓝调 Blues） 布鲁斯产生于19世纪九十年代，是一种基于五声音阶的声乐和乐器音乐，它的另一个特点是其特殊的和声。布鲁斯的发展主要经过了四个阶段。第一个阶段是19世纪末到第二次世界大战结束以前的“传统布鲁斯时期”；第二个阶段是“节奏布鲁斯时期”；第三个阶段是20世纪六七十年代的“摇滚布鲁斯时期”；第四个阶段是“现代布鲁斯时期”。

Pink（图15-1）：美国歌手，唱作人，女权主义者。Nate Ruess（图15-2）：“Fun.”乐队的主唱。擅长作词，曾参与创作美国歌手Kesha的热单“Die Young”。

2. 爵士乐（Jazz） 爵士乐以其极具动感的切分节奏，个性十足的爵士和声和不失章法的即兴演奏（或演唱），赢得了广大听众的喜爱，同时也得到了音乐领域各界人士的认可。

Norah Jones（图15-3）：她是西塔尔琴演奏家拉维·香卡的女儿，有着英裔美国人及印度裔孟加拉人的血统。在2002年发行的首张专辑《Come Away with Me》，为她一举赢得了第45届格莱美共5项大奖，包括年度最佳唱片、最佳专辑、最佳新人、最佳流行女歌手、最佳流行专辑。Norah Jones目前共发行了5张专辑，是21世纪最畅销的女爵士歌手。

图 15-1

图 15-2

图 15-3

3. 乡村音乐(Country music) 乡村音乐又被称作摇摆音乐，是一种具有美国民族特色的流行音乐，于20世纪二十年代兴起于美国南部，其根源来自英国民谣，是美国白人民族音乐代表。乡村音乐的特点是曲调简单，节奏平稳，带有叙事性，具有较浓的乡土气息。多为歌谣体、二部曲式或三部曲式。在服饰上也比较随意，即使是参加大赛及音乐厅重要场合演出，也不必穿演出服，牛仔裤、休闲装、皮草帽、旅游鞋都可以。

The Band Perry(图 15-4)：来自美国南卡罗莱纳州的一个家族乡村乐队，于2009年8月成立，成员有Kimberly Perry(主唱、节奏吉他、钢琴)和她的两个兄弟Reid Perry(贝斯吉他、和声)和Neil Perry(曼陀铃、鼓、手风琴、和声)。

4. 摇滚乐(Rock and Roll) 20世纪五十年代中期到六十年代初期，摇滚乐从一个刚学会走路的幼儿迅速地成长起来，使摇滚乐舞台显现了一片繁荣盛景。主要风格有：民谣摇滚、艺术摇滚、迷幻摇滚、乡村摇滚、重金属、朋克等。

Michael Jackson(图 15-5)：美国歌手、词曲创作人、舞蹈家、表演家、慈善家、音乐家、人道主义者、和平主义者、慈善机构创办人。

图 15-4

图 15-5

5. 索尔音乐(Soul) 索尔，又译“灵魂乐”或“灵歌”。它于20世纪六十年代盛行于美国，以黑人宗教音乐福音歌(Gospel)为基础，融入了节奏布鲁斯、摇滚乐等风格，是美国黑人音乐的重要代表。紧扣节奏、拍掌、即兴形体动作，是其重要特征。奥蒂斯·雷丁(Otis Redding)说：我不是布鲁斯歌手，也不是节奏布鲁斯歌手，而是索尔歌手，我们没有任何准备地走进录音棚，录下我们所唱的，这就是索尔，你怎么感觉就怎么唱。

帕蒂·拉贝尔(Patti Labelle,图 15-6)是活跃于 20 世纪七八十年代灵魂乐歌手,其嗓音清澈、高亢,有着金属般的光泽,被誉为灵魂女伶和乐坛常青树。后辈天后级歌手 Mariah、Whitney、Celine 先后为这位前辈献唱致敬。同时这位灵魂乐大师也为后代乐迷吟唱,勾画出最为香浓醇厚、令人百般咀嚼仍能口齿留香的曼妙佳音!

图 15-6

6. 拉丁音乐(Latin music)　所谓的拉丁音乐,指的是从美国与墨西哥交界的格兰德河到最南端的合恩角之间的拉丁美洲地区的流行音乐。拉丁美洲是一个多民族的组合,因此,拉丁音乐是以多种音乐的融合而形成的一种多元化的混合型音乐。

图 15-7

Ricky Martin(图 15-7):1984 年瑞奇·马丁加入过波多黎各少年偶像团体 Menudo,1991 年后开始个人演唱事业。1998 年,因世界杯足球赛主题曲《生命之杯》(The Cup of Life)而红极一时、风靡全球。而 Ricky 在 1999 年的格莱美颁奖典礼上现场表演《The Cup of Life》也成为格莱美历史上的经典现场演出之一。他在全世界的唱片总销量已经突破 7000 万张,同时他拥有 6 张美国 Billboard 专辑榜冠军专辑,11 首 Billboard 拉丁单曲榜冠军单曲。

7. 嘻哈乐(Hip-Hop)　Hip-Hop 是始于美国街头的一种黑人文化,也泛指 Rap(说唱乐)。Hip-Hop 文化的四种表现方式包括 Rap(有节奏、押韵地说话)、B-boying(街舞)、Dj-ing(玩唱片及唱盘技巧)、Raffiti writing(涂鸦艺术)。

8. 说唱乐(Rap)　Rap 一词有时又译“雷普”或“莱普”,原意为黑人俚语中相当于说话(talking)或交谈(chatting)的意思。作为一种流行音乐形式,它起源于 20 世纪七十年代末纽约的贫困黑人住宅区。说唱乐的根源可以追溯到 20 世纪六十年代末詹姆斯·布朗带动的放克热潮,布朗与其他放克巨星经常在音乐伴奏下以“说”的形式进行演唱。早期的说唱较为单调,但是在吸收了硬摇滚的元素后,它的销量剧增,而且很快在白人之中也盛行起来。黑人歌手以说唱乐作为一种激进、边缘的表达方式,东西海岸之间的帮派斗争随着说唱乐的流行也变得愈发激烈起来,即所谓的“帮匪说唱”。20 世纪九十年代中期以后,说唱乐更进一步发展为爵士说唱(Jazz Rap)和雷鬼说唱(Reggae Rap)。主要特点是以机械的节奏为背景,快速地念诵一连串押韵的词句,以口语化的速度在器乐伴奏和节奏部分的衬托下叙述故事。

(1) 爵士说唱:一种将早期黑人音乐和当今主流音乐风格融合起来的一种尝试,在如今后者逐渐占据绝对地位的同时,它使得前者重新焕发出光芒。爵士说唱的节奏与 Hip-Hop 完全一样,其素材和音乐结构取自于 Cool Jazz(冷爵士),Soul Jazz(灵魂爵士)和 Hard Hop(硬爵士)。

痞子阿姆:埃米纳姆(Eminem,图 15-8),世界级说唱天王、音乐制作人及演员。他在

1998 年签约至所属的 Aftermath 唱片公司。

(2) 雷鬼说唱：雷鬼音乐在 1968 年左右形成于牙买加(Jamaica)，是西印度群岛的一种舞蹈及舞曲。在 20 世纪六十年代，美国音乐工程师兴起和引导一种音乐表现方式，部分音乐工程师因此出走，寻求灵感，其中有一些来到牙买加。它的一个显著特点是有反拍上的重音，如今的雷鬼音乐被认为是拉丁的 Hip-Hop。

肖恩 · 金斯顿(Sean Kingston，图 15-9)：他的祖父是牙买加传奇音乐制作人 Jack Ruby，Sean 凭借出色掌控节奏和旋律的才能，在十几岁的年纪就混迹迈阿密的演出圈，参加各种才艺比赛，曾经和 Ludacris，Pitbull 这样的大牌同台演出。

图 15-8

图 15-9

图 15-10

9. 电子音乐 电子音乐简称电音、电子乐。广义而言，只要是使用电子设备所创造的音乐，都可属之，即任何以电子合成器、效果器、电脑音乐软件、鼓机等“乐器”所产生的电子声响，都可称为电子音乐。国内经常会把电子音乐说成是 DJ 音乐，但这是错误的叫法。实际上所谓的 DJ 是这些音乐的制作者。

Lady Gaga(图 15-10)：1986 年 3 月 28 日出生于美国纽约曼哈顿，美国流行歌手、词曲创作者、慈善家、演员。

10. 新世纪(New age) 新世纪音乐，也有译作新纪元音乐的，是一种在 20 世纪七十年代后期出现的一种音乐形式，兴起于 20 世纪八十年代，具有轻音乐的某些特征，但又十分流行。原本的用途在于帮助冥思及作心灵的洁净，但后期的创作者不少已不再抱有这种初衷。

恩雅(Enya)(图 15-11)：新世纪音乐女王，世界天籁美声代言人，这位 20 世纪八九十年代初崛起的爱尔兰女歌手，有着中世纪的幽静和飘逸。身为音乐奇才的她在专辑中集作曲、演唱、编曲和演奏于一身，甚至连混音与合成都一手包办。她周游于流行乐和古典传统乐之间，天籁般美妙的嗓音迷煞了世界上大部分的听众。

班得瑞乐团(Bandari)(图 15-12)：瑞士 AVC 公司旗下的一个品牌，由一群年轻作曲家、演奏家及音源采样工程师组成，1990 年发迹于瑞士。他们从开始执行音乐制作，便深居在阿尔卑斯山林中，直到母带成品完成。置身在自然山野中，让班得瑞乐团拥有源源不绝的创作灵感，也拥有最自然脱俗的音乐风格。班得瑞的音乐里，展现了他们独特的编曲手法，以清爽的配乐架构出零压力、零负担的乐曲，他们细酌每一轨声道的解析度，

使音域更宽广，音场效果更具空灵感，让你完全融入大自然中去……

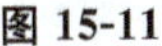

图 15-11

图 15-12

久石让(图 15-13)：日本著名作曲家、歌手、钢琴家，以担任电影配乐为主，特别是宫崎骏导演的作品，从《风之谷》至《悬崖上的金鱼公主》的二十多年间所有长篇动画电影的音乐制作，为宫崎骏作品中不可欠缺的配乐大师。“久石让”这个名字的来源是他的偶像——美国黑人音乐家及制作人昆西·琼斯(Quincy Jones)。他把“Quincy Jones”这个名字改成日语发音，再连上最近似的汉字姓名，就变成了“久石让”。他的英文名 JOE，也可以说是为了向美国配乐大师 Quincy Jones 致敬。

林海(图 15-14)：“具有 George Winston 亲和而强烈的旋律性，以及 Keith Jarrett 丰富而充满想象的思考性。”二十岁从全国竞赛中脱颖而出，代表中国参加美国范·克莱本(Van Cliburn)钢琴大赛，成为有史以来首位入围准决赛的中国人。1992 年从中央音乐学院毕业。林海游艺于古典、New age、现代、爵士多种风格之间，琴音流露出干净、空灵、温暖、恬静、自然的况味。

图 15-13

图 15-14

二、亚洲流行音乐

(一) 节奏布鲁斯

《心中的日月》——王力宏

王力宏(图 15-15)：华语流行男歌手、音乐制作人、指挥家、编剧、演员、导演，通晓英语、中文、法语、日语。他不但会演奏多种乐器，还担当自己大部分作品的制作人。

《Haru Haru》——Bigbang

Bigbang(图 15-16)：为韩国的 YG Entertainment 公司在 2006 年推出的五人男子团体，成员包括 G-Dragon、太阳、T. O. P、大声、胜利，由 G-Dragon 担任队长一职。2006 年

8月19日于首尔奥林匹克竞技场举行的“YG FAMILY 10周年演唱会”上正式出道，同年8月29日正式推出首张单曲《BIGBANG》。

图 15-15

图 15-16

（二）灵魂乐

《Gotta Make a Change》——方大同

方大同（图 15-17）：香港男歌手，从小自学了高等教育和乐器，他于15岁时自学吉他，18岁自学钢琴。2009年1月1日，方大同在2008年度叱咤乐坛流行榜颁奖典礼上同时夺得“叱咤乐坛男歌手金奖”、“叱咤乐坛唱作人金奖”及“叱咤乐坛作曲人大奖”。其专辑风格是在R&B，Rock和灵魂乐风格的基础上创作而成。

（三）摇滚乐

《爱之初体验》——张震岳

张震岳（图 15-18）：1993年12月，张震岳发行第一张专辑《就是喜欢你》。1994年6月发行张震岳第二张专辑《花开了没有》。2003年12月19日，张震岳前往美国好莱坞进行演出。2004年10月，张震岳进行北美洲的巡回演。2008年7月，张震岳、罗大佑、李宗盛、周华健正式宣布组成纵贯线乐团。

图 15-17

图 15-18

图 15-19

（四）乡村音乐

《后会无期》——邓紫棋

邓紫棋（图 15-19）：中国香港创作型女歌手。5岁开始尝试作曲及填词，13岁通过钢琴8级。2009年1月，夺得叱咤乐坛流行榜“叱咤乐坛生力军女歌手金奖”，是该奖的首位未成年获得者。2011年，年仅19岁的邓紫棋在香港红馆举行5场个人演唱会。

第二节　古典音乐

一、古典音乐的简介

（一）古典音乐的定义

广义：欧洲文艺复兴时期起直到后来的巴洛克时期、维也纳古典时期、浪漫主义时期、民族乐派、印象主义直至19世纪末、20世纪初出现的现代乐派，甚至包括所有非纯粹娱乐性质的现代专业音乐，统称为“Classical music”。

狭义：古典主义音乐，是1750—1820年欧洲主流音乐，又称维也纳古典乐派。

（二）西方古典音乐的起源

西方古典音乐可以追溯到古代希腊和罗马，古希腊音乐方面的理论非常丰富，形成了比较完整的音乐体系。古希腊时期主要的音乐形式有史诗、颂歌、抒情诗、悲剧、喜剧，为之后的西方古典音乐奠定了基础。古罗马音乐时期基督教音乐兴起，这一音乐形式主宰着大部分时期的中世纪音乐。

（三）欣赏古典音乐适合的场所

音乐厅，顾名思义就是音乐的厅堂，是举行音乐会及音乐相关活动的场所，是人们感受音乐魅力的地方。音乐厅通常都装潢典雅，由音乐大厅和小剧场等组成，并配备各种乐器及专业的音乐设备，同时提供舒适的座椅，在优雅的环境里为人们带来音乐的精神盛宴。一座建筑精美风格独特的音乐厅本身就是一件艺术品（图15-20）。

图 15-20

维也纳金色大厅是维也纳最古老、最现代化的音乐厅，是每年举行“维也纳新年音乐会”的法定场所（图15-21、图15-22）。1939年开始，每年的1月1日在此举行维也纳新年音乐会，后因战争一度中断，1959年又重新恢复。许多音乐大师，如海顿、莫扎

特、贝多芬、舒伯特、约翰·施特劳斯父子、格留克和勃拉姆斯都曾在此度过多年音乐生涯。

图 15-21

图 15-22

(四) 交响乐队的构成

交响乐队的构成见图 15-23、图 15-24。

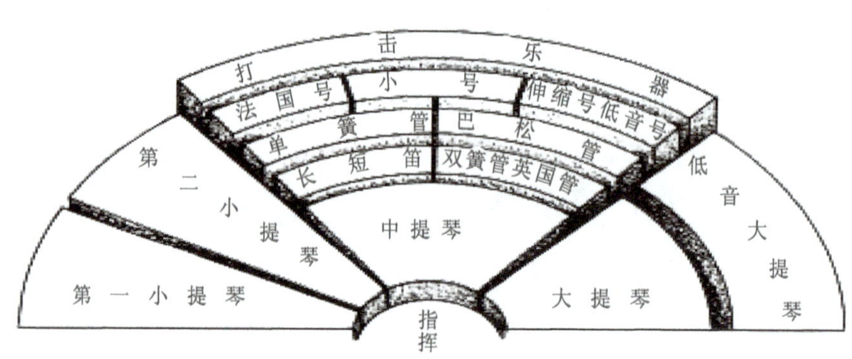

图 15-23

1. 弦乐组 弦乐组包括小提琴(图 15-25)、中提琴(图 15-26)、大提琴(图 15-27)、低音大提琴(图 15-28)。

图 15-24

图 15-25

图 15-26

图 15-27

图 15-28

2. 木管乐器组　包括短笛(图 15-29)、长笛(图 15-30)、单簧管(图 15-31)、双簧管(图 15-32)。

图 15-29

图 15-30

图 15-31

图 15-32

3. 铜管乐器组　见图 15-33。

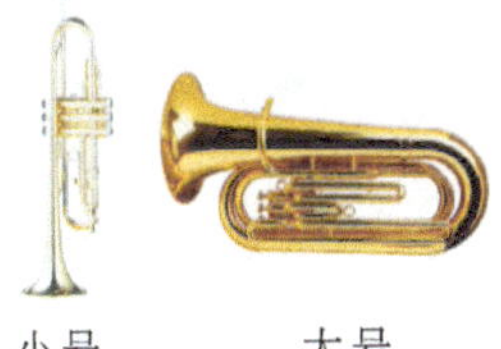

小号　大号　短号　长号　太阳号　圆号

图 15-33

4. 打击乐组　见图 15-34。

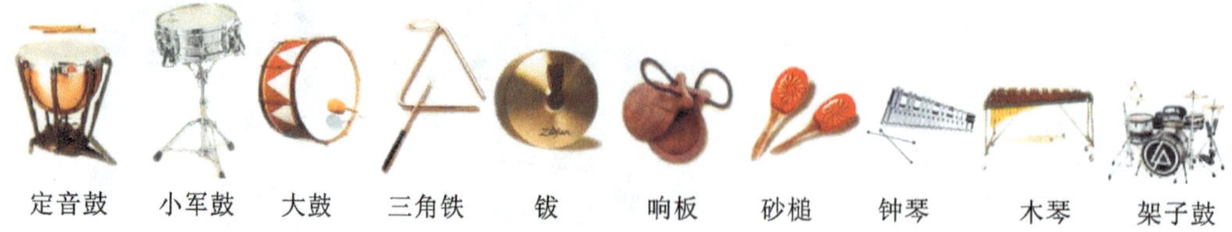

图 15-34

5. 拨弦乐器　见图 15-35。

6. 键盘乐器　见图 15-36、图 15-37。

图 15-35

图 15-36

图 15-37

二、西方古典音乐欣赏

图 15-38

(一) 巴洛克时期(公元 1600—1750)

巴洛克的意思是形状不规则的珍珠,巴赫的逝世可以看作是巴洛克时期的结束。这一时期有三位伟大的作曲家:巴赫、亨德尔和维瓦尔第。

巴赫

约翰·塞巴斯蒂安·巴赫(Johann Sebastian Bach,图 15-38),巴洛克时期的德国作曲家,杰出的管风琴、小提琴、大键琴演奏家。音乐特点:在音乐艺术上的最大成就是将复调音乐推上一个空前的高度。

欣赏乐曲:《G 弦上的咏叹调》。

维瓦尔第

图 15-39

安东尼奥·卢奇奥·维瓦尔第(图 15-39),是一位意大利神父,也是巴洛克时期作曲家,同时还是一名小提琴演奏家。其最著名的作品为《四季》。

欣赏乐曲:《四季》。

(二) 古典主义时期(公元 1750—1820)

古典主义音乐是西方音乐历史发展到高峰的一个阶段。因为这一时期的三位代表性人物:海顿、莫扎特、贝多芬的生活与创作主要都在维也纳,因此又被称为“维也纳古典乐派”或“维也纳古典主义音乐”。

莫扎特

沃尔夫冈·阿玛多伊斯·莫扎特(图 15-40),出生于神圣罗马帝国时期的萨尔兹堡,是欧洲最伟大的古典主义音乐作曲家之一。35 岁便英年早逝的莫扎特,留下的重要作品总括当时所有的音乐类型。在西方音乐历史中,只有他被毫无疑问地公认为音乐界的旷世奇才。莫扎特四岁开始作曲,谱出的协奏曲、交响曲、奏鸣曲、小夜曲、嬉游曲等成为后来古典音乐的主要形式,他同时也是歌剧方面的专家,他的成就至今不朽于时代的变迁。此外,其作曲风格同时兼具旋律及艺术性,悦耳开朗,却又不失优雅,亦能让人感受到音乐风格由巴洛克时期转向古典主义时期,也因狂飙运动显露出早期浪漫主义曲风,直接预示了贝多芬式的英雄性音乐的出现。著名作品有歌剧《费加罗的婚礼》、《唐璜》和《魔笛》,钢琴协奏曲 d 小调、c 小调、A 大调,《巴黎》、《哈夫纳》、《布拉格》等。

图 15-40

欣赏乐曲:《土耳其进行曲》。

贝多芬

图 15-41

路德维希·冯·贝多芬(图 15-41),德国作曲家、音乐家,维也纳古典乐派代表人物之一,是“集古典主义之大成,开浪漫主义之先河”的伟大音乐家。他创作的作品对音乐发展有着深远的影响,由此被尊称为乐圣。贝多芬 26 岁时听力开始减弱,老年双耳已经失聪,但并未辍笔。著名作品有交响乐《英雄》(第三交响曲)、《命运》(第五交响曲)、《田园》(第六交响曲)、《合唱》(第九交响曲,其中著名乐段《欢乐颂》在第四乐章),钢琴奏鸣曲《悲怆》、《月光》、《暴风雨》、《热情》,弦乐四重奏《大赋格》等。

欣赏乐曲:《欢乐颂》。

(三) 浪漫主义时期(公元 1820—1900)

这一时期的音乐更注重表达人的精神境界与主观感情,对自然景物的表现也愈加突出,创作上对民族和民间音乐的利用更加重视与频繁。

在音乐体裁上出现了新的器乐独奏体裁,如夜曲、即兴曲、叙事曲、谐谑曲、幻想曲与无词歌等。此时期作品风情万种,各自独具特色。代表人物有早期的韦伯、舒伯特,繁荣时期的门德尔松、舒曼、肖邦、李斯特等。

肖邦

肖邦(F. F. Chopin,图 15-42),波兰作曲家、钢琴家,1810 年生于华沙近郊,父亲是法国人,母亲是波兰人。肖邦从小就表现出非凡的艺术天赋,六岁开始学习音乐,7 岁时就创作了波兰舞曲,8 岁登台演出,不足 20 岁已出名。他是历史上最具影响力和最受欢迎的钢琴作曲家之一,是波兰音乐史上最重要的人物之一,是欧洲 19 世纪浪漫主义音乐的代表人物。肖邦一生的创作大多是钢琴曲,被誉为“浪漫主义的钢琴诗人”。作品:《夜曲》、《第二钢琴协奏曲》。

图 15-42

欣赏乐曲:《革命练习曲》。

门德尔松

门德尔松(图 15-43),德国作曲家、指挥家,出生于德国汉堡的德国犹太人家庭。他是作曲家、钢琴家、风琴弹奏家、乐队指挥家,也是德国近代最重要的浪漫派音乐家之一。12 岁开始创作,17 岁即完成《仲夏夜之梦序曲》,21 岁起开始研究和整理巴赫的作品,为这位音乐之父的作品得以复生作出了最重要的贡献。27 岁在莱比锡任指挥,1843 年创办德国第一所音乐学院,38 岁时即病故。他在短暂的一生中创作了大量的各种体裁的音乐作品,作品风格温柔舒适、优美恬静、完整严谨、极少矛盾冲突、富于诗意幻想,反映出他生活上的安定富足。作品:《苏格兰交响曲》、《意大利交响曲》、《仲夏夜之梦》序曲、《春之声》、八集 48 首钢琴独奏曲。

图 15-43

欣赏乐曲:《仲夏夜之梦》。

柴可夫斯基

柴可夫斯基(Pyotr Ilich Tchaikovsky 或 Peter Ilyich Tchaikovsky,图 15-44),俄罗斯浪漫乐派作曲家,也是俄罗斯民族乐派的代表人物以及世界最伟大的古典音乐作曲家之一。值得一提的是,柴可夫斯基的优秀作品与其一生的情感经历密不可分。他的作品反映了沙皇专制统治下的俄国广大知识阶层的苦闷心理和对幸福美满生活的深切渴望;着力揭示人们的内心矛盾,充满强烈的戏剧冲突和炽热的感情色彩。代表作品有:第四、第五、第六(悲怆)交响曲,歌剧《叶甫根尼·奥涅金》、《黑桃皇后》,舞剧《天鹅湖》、《睡美人》、《胡桃夹子》,《第一钢琴协奏曲》等。

图 15-44

欣赏舞剧:《天鹅湖》。

李斯特

弗朗兹·李斯特(图 15-45),匈牙利作曲家、钢琴家、指挥家和音乐活动家,浪漫主义音乐的主要代表人物之一,被人们誉为“钢琴之王”。李斯特的作品充分挖掘了钢琴的音响功能,对键盘音乐的发展作出了重大的贡献,并且创造了交响诗这一音乐形式,在他的后期作品中最早使用了 20 世纪才普遍采用的和声语言。作品:《匈牙利狂想曲》、《钟》。

图 15-45

欣赏乐曲:《钟》。

(四)后期浪漫乐派和新古典乐派

格里格

爱德华·格里格(Edvard Grieg,图 15-46),挪威作曲家,19 世纪下半叶挪威民族乐派代表人物。1843 年 6 月 15 日格里格生于卑尔根的商人家庭,1907 年 9 月 4 日卒于同地。6 岁随母学钢琴,得到音乐启蒙教育。经著名小提琴家布尔推荐,1858—1862 年在莱比锡音乐学院学习。

图 15-46

欣赏乐曲:《晨景》。

三、中国古典音乐欣赏

(一) 中国古典音乐的起源

中华民族音乐的启蒙时期,早于华夏族的始祖神轩辕黄帝两千余年。距今六千七百年至七千余年的新石器时代,先民们可能已经可以烧制陶埙,制作骨哨。这些原始的乐器无可置疑地告诉人们,当时的人类已经具备对乐音的审美能力。根据古代文献记载,其具有歌、舞、乐互相结合的特点。葛天氏氏族中的所谓"三人操牛尾,投足以歌八阕"的乐舞就是最好的说明。

(二) 乐器

1. 古琴　古琴,又称琴、瑶琴、玉琴、丝桐和七弦琴,是一种汉族传统拨弦乐器,有三千年以上历史,属于八音中的丝(图 15-47)。古琴音域宽广,音色深沉,余音悠远。19 世纪二十年代起为了与钢琴区别而改称古琴。初为 5 弦,汉朝起定制为 7 弦,琴是汉文化中地位最崇高的乐器,有"士无故不撤琴瑟"和"左琴右书"之说。位列中国传统文化四艺"琴棋书画"之首,被文人视为高雅的代表,亦为文人吟唱时的伴奏乐器,自古以来一直是许多文人必备的知识和必修的科目。伯牙、钟子期以"高山流水"而成知音的故事流传至今;琴台被视为友谊的象征。大量诗词文赋中有琴的身影。现存琴曲 3300 多首,琴谱 130 多部,琴歌 300 多首。古琴是汉民族最早的弹拨乐器,是汉文化中的瑰宝,是人类口头和非物质遗产代表作。唐宋以来历代都有古琴精品传世。

图 15-47

2. 箜篌　箜篌是中国汉族十分古老的弹弦乐器(图 15-48)。最初称"坎侯"或"空侯",在古代除宫廷雅乐使用外,在民间也广泛流传,在古代有卧箜篌、竖箜篌、凤首箜篌三种形制。从 14 世纪后期不再流行,以致慢慢消失,只能在以前的壁画和浮雕上看到一些箜篌的图样。

图 15-48

图 15-49

3. 古筝　古筝又名汉筝、秦筝、瑶筝、鸾筝,是汉族民族传统乐器中的筝乐器,属于弹拨乐器(图 15-49)。它是中国独特的、重要的民族乐器之一。它的音色优美、音域宽广、演奏技巧丰富,具有相当的表现力,因此它深受广大人民群众的喜爱。古筝是一件伴随中国悠久文化、在这片肥沃的黄土地上土生土长的古老民族乐器。古筝由面板、雁柱(一

些地段也称之为筝码)、琴弦、前岳山、弦钉、调音盒、琴足、后岳山、侧板、出音口、底板、穿弦孔组成。

4. 扬琴 扬琴,又称洋琴、打琴、铜丝琴、扇面琴、蝙蝠琴、蝴蝶琴,属于击弦乐器(图15-50)。扬琴是中国民族乐队中必不可少的乐器。无论用于独奏、伴奏还是合奏,扬琴的音色特点都可得到淋漓尽致的发挥。扬琴是中国常用的一种击弦乐器,与钢琴同宗,音色具有鲜明的特点,音量宏大,刚柔并济;慢奏时,音色如叮咚的山泉,快奏时音色又如潺潺流水。它的音色明亮,犹如大珠小珠落玉盘般清脆。表现力极为丰富,可以独奏、合奏或为琴书、说唱和戏曲伴奏,在民间器乐合奏和民族乐队中常充当“钢琴伴奏”的角色,是一种不可缺少的主要乐器。

图 15-50

图 15-51

5. 琵琶 琵琶(英文名 lute),被称为“弹拨乐器之王”、“弹拨乐器首座”,属于拨弦类弦鸣乐器(图 15-51)。木制,音箱呈半梨形,上装四弦,原先是用丝线,现多用钢丝、钢绳、尼龙制成。演奏时竖抱,左手按弦,右手五指弹奏,是可独奏、伴奏、重奏、合奏的重要民族乐器。琵琶,是东亚传统弹拨乐器,已有两千多年的历史。最早被称为“琵琶”的乐器大约在中国秦朝出现。在唐朝以前,琵琶也是汉语里对所有鲁特琴族(又称琉特属)弹拨乐器的总称。中国琵琶更传到东亚其他地区,发展成现时的日本琵琶、朝鲜琵琶和越南琵琶。

6. 洞箫 洞箫,吹孔气鸣乐器(图 15-52)。流行于中国民间的吹管乐器,简称作箫,是最常见的民族乐器,多用九节紫竹制作,亦可用白竹制作。常与古琴合奏或用于传统丝竹乐队中,也有用来独奏的。把两支箫分别刻上龙凤来配对的称“龙凤箫”。独奏曲目有《鹧鸪飞》、《妆台秋思》、《柳摇金》等,琴箫合奏曲有《梅花三弄》、《平沙落雁》等。

图 15-52

图 15-53

7. 笛子 笛子是迄今为止发现的最古老的汉族乐器,也是汉族乐器中最具代表性最有民族特色的吹奏乐器(图 15-53)。中国传统音乐中常用的横吹木管乐器之一,中国竹

笛一般分为南方的曲笛、北方的梆笛和介于两者之间的中笛。笛子常在中国民间音乐、戏曲、中国民族乐团、西洋交响乐团和现代音乐中运用，是中国音乐的代表乐器之一。在民族乐队中，笛子是举足轻重的吹管乐器，被当作民族吹管乐的代表，被称作“民乐之王”。大部分笛子是竹制的，但也有石笛、玉笛，还有红木做的笛子，古时还有骨笛。不过，制作笛子的最好原料仍是竹子，因为竹笛声音效果较好，制作成本较低。

8. 二胡　二胡(意大利文:Erhu) 始于唐朝，称“奚琴”，至今已有两千多年的历史，是中西方拉弦乐器和弹拨乐器的总称(图 15-54)。二胡又名“胡琴”，是北方的传统乐器。二胡是中华民族乐器家族中主要的弓弦乐器(擦弦乐器)之一。

9. 埙　埙(图 15-55)是所有乐器中最无法言喻的东西，它的成质是泥土，发出的声音也是泥土的呜咽，仿佛沉埋千年后的殉葬品，有永远诉不尽的伤感。只能说它像个幽灵，不属于尘寰不属于白天也不属于人类，你也根本无法分辨它的声音来自何处，若远若近，缥缈迷茫。

图 15-54

图 15-55

第十六章 基础礼仪

人类的一切活动，是以人与人之间的相互交往为前提的。对于人来说，交往是一种生存和发展所必需的基本活动。在现实社会中，随着信息化和经济全球化的发展，世界各国间的交往日趋频繁，人们对人际交往中的礼仪更加关注。随着对交往礼仪重要性认识的不断加深，学校已在学科教学中加强礼仪教育渗透，学校德育组也在这方面做出了努力。但这些做法都是零散的，没有系统化。应全面、系统地培养学生文明礼仪风范，使学生将来无论走到哪里，都能得到人们的认同，受到人们的欢迎。建立和谐的人际关系，有利于学生打开工作局面，发展事业，从而推动社区以及我国社会文明的发展。由于开展文明交际礼仪教育具有现实的必要性与客观的前瞻性，学校应把“文明交际礼仪教育”由学科渗透发展到作为课程主科目来开发，以“家庭礼仪”、“校园礼仪”和“社会礼仪”为主要内容，从入学开始，对学生进行系统的文明交际礼仪教育，有目的、有计划地将学生带入良好人际关系的殿堂。

一、课程开设的需要评估

1. 学生现状的需要 随着科学技术的不断进步，人们物质生活水平在不断提高。而在优越的物质生活条件下成长起来的独生子女，更是过着“衣来伸手，饭来张口”的生活。一方面，长辈的溺爱，导致了他们的冷漠自私，一切以自我为中心，不善于或不懂得与周围的人交往。而那些经济比较困难的家庭，由于家长整日忙于谋生，四处奔波，放任孩子自由生长，缺少对孩子的教育和引导，使之染上不良恶习，野蛮霸气，缺乏教养。另一方面，改革开放后，国门打开，我国在引进外国先进文化的同时，也带进了一些自由散漫的消极思想，人们讲究个人自由，忽视了文明礼仪的重要性，大部分人重智轻德，认为孩子只要学习好就行了，忽略了对孩子文明礼仪的教育问题。而现代社会发展对人的文明礼仪的要求在不断提高。因此，开展文明交际礼仪教育活动具有十分现实的意义。

2. 中高职学校校情的需要 中高职学校生源相当一部分来自刚刚富起来的农村子女。他们家庭经济条件好而文化底蕴不足，其父母又因忙于其他的事务而无暇对孩子的行为习惯进行正确引导。在学校，有的同学任性散漫，唯我独尊，在与老师交往时缺乏良好的礼仪规范；在社会或家庭中，怎样尊老爱幼，怎样与熟人或陌生人打交道，怎样着装，怎样待客做客，怎样遵守社会公德，怎样讲文明、讲礼貌等方面显得比较薄弱。这是个不容忽视的问题。因此，开设文明交际礼仪教育课程是中高职学校校情的需要。

3. 满足学生心理发展的需要 心理学家调查表明：学生的第一需要是学会交往，培养高尚道德情操，其次才是学会学习，只有学生的需求得到满足，才能进一步发展个性。中学生的接受能力和模仿能力极强，是培养良好习惯的最佳时期，因此开设“文明交际礼

仪教育”课程，使学生系统地受到良好礼仪规范的熏陶教育，从而养成良好的个性品质，为其将来成为社会有用之才奠定良好的人生基础。

4. 育人目标的需要 为了更系统地对学生进行较连续性、完整性的教育训练，也为了落实学校的育人目标，拓展更加广阔的教育空间，应将“文明交际礼仪教育”作为中高职学校校本课程开发的“开场戏”，以此促进中高职学校的为学思想更好的形成，更好地养成文明的校园风貌。

5. 丰富的课程资源 我国早已颁布了《中学生守则》和《中学生日常行为规范（修订）》，学校图书馆丰富的藏书以及互联网更方便学生利用网上资源……这些都是对学生进行文明交际礼仪教育的资料来源。

第一节 礼仪的起源与发展

礼在中国古代是社会的典章制度和道德规范。作为典章制度，它是社会政治制度的体现，是维护上层建筑以及与之相适应的人与人交往中的礼节仪式。在孔子以前已有夏礼、殷礼、周礼。夏、殷、周三代之礼，因革相沿，到周公时代的周礼，已比较完善。作为观念形态的礼，在孔子的思想体系中是同“仁”分不开的。孔子说：“人而不仁，如礼何？”他主张“道之以德，齐之以礼”的德治，打破了“礼不下庶人”的限制。到了战国时期，孟子把仁、义、礼、智作为基本的道德规范，礼为“辞让之心”，成为人的德行之一。

一、礼的本质、作用

儒家主张的理想封建社会秩序是贵贱、尊卑、长幼、亲疏有别，要求人们的生活方式和行为符合他们在家族内的身份和社会、政治地位，不同的身份有不同的行为规范，这就是礼。礼具有鲜明的阶级性和差别性。所以古人指出，礼的作用在于维持建立在等级制度和亲属关系上的社会差异，这一点最能说明礼的涵义和本质。

二、礼的原则

“尊重”原则：要求在各种类型的人际交往活动中，以相互尊重为前提，既要尊重对方，不损害对方利益，同时又要保持自尊。

“遵守”原则：遵守社会公德，遵时守信，真诚友善，谦虚随和。

“适度”原则：现代礼仪强调人与人之间的交流与沟通一定要把握适度性，不同场合、不同对象，应始终不卑不亢，落落大方，把握好一定的分寸。

“自律”原则：交流双方在要求对方尊重自己之前，首先应当检查自己的行为是否符合礼仪规范要求。

三、礼的含义

礼在《论语》中的含义：

(1) 礼制，指全社会的等级制度和伦理秩序。

(2) 礼仪，指具体的礼节仪式。

(3) 礼貌，指个人在待人接物时所表现出来的道德修养(如恭敬、和顺、谦让)。

现在的礼：

礼仪是人类为维系社会正常生活而要求人们共同遵守的最起码的道德规范，它是人们在长期共同生活和相互交往中逐渐形成，并以风俗、习惯和传统等方式固定下来的。对一个人来说，礼仪是一个人的思想道德水平、文化修养、交际能力的外在表现，对一个社会来说，礼仪是一个国家社会文明程度、道德风尚和生活习惯的反映。重视、开展礼仪教育已成为道德实践的一项重要内容。

礼仪教育的内容涵盖着社会生活的各个方面。从内容上看，有仪容、举止、表情、服饰、谈吐、待人接物等。从对象上看，有个人礼仪、公共场所礼仪、待客与做客礼仪、餐桌礼仪、馈赠礼仪、文明交往等。

校园礼仪包括：尊重老师、尊重同学、学会请教、学会商量、学会倾听、学会劝阻、学会合作、学会感恩、学会师生间的礼仪……

家庭礼仪包括：做客礼仪、迎宾礼仪、待客礼仪、祝贺礼仪、邀请礼仪、服饰礼仪、上下辈之间的礼仪……

社会礼仪包括：问路礼仪、乘车礼仪、购物礼仪、影剧院礼仪、邻居间的礼仪……

在人际交往过程中的行为规范称为礼节，礼仪在言语动作上的表现称为礼貌。加强道德实践应注意礼仪，使人们在“敬人、自律、适度、真诚”的原则上进行人际交往，告别不文明的言行。

第二节 个人礼仪

一、仪容仪表

每个中学生都有着浑然天成的容貌和身材，没有必要、也不可能把自己的容貌和身材任意改换成自己理想中的模样，但只要注重自己的仪容，依然能使自己焕发出青春的风采。

(一) 保持仪容清洁

保持仪容清洁，特别是保持面部、口腔、颈项、手和头等部位的清洁。脸要洗净，眼角和鼻不要留有分泌物，嘴边也不要沾有食物的残留物；洗脸不能不洗脖子和耳后；应保持口腔卫生，每天早晚都要刷牙，食后要漱口，有龋齿的应及时治疗，不要让口腔发出异味；手背、手腕要干净，指甲要常修剪，不要留长指甲，

指甲缝里不能有黑垢；要常洗澡、勤换衣，特别是在夏季或运动后；头发要梳理整齐，也要常洗，洗发要选用适合自己的洗发剂，以保持头发的柔顺。不注意清洁、整天蓬头垢面、黑手黄牙、浑身汗臭的人，是不能得到别人尊重的。因为他既没有表现出自尊，也没有表现出对别人的尊重。

（二）保持相貌的健美

柔润、富有弹性的皮肤是相貌健美的重要标志。要保持相貌的健美，就一定要注意皮肤特别是面部皮肤的健美。人的皮肤会不断分泌皮脂和汗液，裸露的皮肤还会沾染灰尘，所以人们要定期洗澡，经常洗脸。洗脸宜用温水，油性皮肤在洗脸时可使用少许香皂或洗面奶，洗完脸后可用手对面部作简单的按摩，以促进皮肤的血液循环。在秋季和冬季，特别是在气候较干燥的地区，洗完脸后可适当使用一些适合自己皮肤的护肤品。坚持合理的作息时间、科学的体育锻炼和保证充足的营养，也会对保持皮肤的健美起到积极的作用。

中学生的皮肤还相当娇嫩，化妆品容易对皮肤造成伤害。因此，除舞台演出等特殊需要外，中学生不应化妆。中学生化妆不仅会伤害自己的自然美，还会损害自己皮肤的健康。因为化妆品一般都含有铅和多种化学成分，对青少年细嫩的皮肤刺激较大，长期使用会加速皮肤老化而出现干裂、粗糙的现象，严重的还会受到“化妆病”之害。

（三）应选择适当的发型

发型也是仪容的一个组成部分。中学生的发型，不用强求千篇一律，可以根据自己的脸型和头发的疏密选择发型，或剪短发或梳长辫，但总的要求是整齐、简便。整齐是中学生身份的要求，简便是中学生生活节奏的需要。总之，中学生的发型既要符合中学生身份，又要能显示出青少年朝气蓬勃的精神面貌。男生不适宜留长发，更不要盲目模仿某一偶像而梳理出不适合自己的发型。男生的头发，两侧和后部的发长都不应超过发界。

头发过长，不仅与中学生身份不符，也会失去青春美感，如果再缺乏良好的卫生习惯，不常梳理，就更加难看。女生不要烫发，这主要是因为烫发与中学生身份不符。烫发是成年人的事，中学生在发型上追求成人化，会让人感到很不协调，更谈不上美观了。

（四）健康才是美

健全的体格，健壮的体魄，再加上匀称的体态，就是健美的身材，中学生正处在身体发育阶段，要使自己的身材保持健美，一定要注意以下几点。

(1) 经常参加体育锻炼，科学地锻炼身体。生命在于运动，经常参加体育活动，能促进身体的正常发育，每天的课间操要认真做，动作到位才能达到活动筋骨、消除疲劳的理想效果；认真上好体育课，按体育教材的要求，学习锻炼身体的科学方法；积极参加体育活动，参加多种体育锻炼，使身体各个部分都能匀称地发育。科学地锻炼身体，对中学生尤其重要。有的同学在身体发育阶段就急于拥有发达的肌肉而过早地进行力量型锻炼，结果影响了身高发育；有的同学锻炼不得法、不适度，也给身体发育留下遗憾。中学生进行体育锻炼，应在体育老师的指导下进行。

(2) 注意营养、保证睡眠。科学的营养配餐，对于正在长身体的中学生十分重要。配

餐不科学，饮食无节制或挑食，是造成中学生中“豆芽型”和“肥胖型”身材的重要原因。体型较胖的女生，不应盲目采用节食的方法“减肥”，而应在保证营养的前提下，通过科学的锻炼获得健美的身材。生活有规律，保证充足的睡眠，也是中学生身体健康发育的一个重要条件。

(3) 要注意影响身材的非遗传因素。缺钙的应补钙，缺碘的应补碘，维生素以及各种人体所必需的微量元素缺乏的都应设法补足。有臀肌挛缩等后天疾病的，也应及时手术治疗。

二、穿戴

(1) 穿着的衣裤鞋袜，应以合体、整洁、朴素、得体为佳。

合体，即衣着规格要适合人体的高矮胖瘦。衣着不合体，不仅自己不方便、不舒服，别人看起来也会觉得别扭。中学生的衣着，适当宽松一点较为适宜。面料最好选择有一定弹性的。

整洁，即穿着要规整、清洁。衣领要翻好，衣扣要扣齐，腰带、鞋带要系好。衣服要常换洗，特别要注意衣领、衣袖处不要出现污迹。若衣冠不整，满身污垢，不仅自己不体面，与人相处也是对别人不尊重的表现。

朴素，即穿着要俭朴、素雅。重视穿着的护身、保暖功能，淡化穿着的装饰功能。不追求时髦，只要求美观大方；不追求艳丽，只要求色彩协调；不追求高档华贵，只要求能体现出青少年朝气蓬勃的精神风貌。

得体，不只是指衣着要符合中学生的身份、年龄、身材和性格，更重要的是指着装要看场合。在家穿着可随意些，节假日外出穿着可活泼些，在校则必须着装规整。现在提倡中学生穿校服，有条件的学校应根据中学生穿着的原则制作统一的校服。在学校举行典礼、升旗仪式以及大型集会时，最好能着统一校服。

中学生穿鞋.应以球鞋、布鞋、旅游鞋为主，也可以穿皮鞋，但女生的皮鞋后跟不应高过 4 cm，因为无论是从身体发育，还是从学生身份来说，高跟鞋对中学生都是不合适的。

(2) 佩戴防护用品、标志和饰物，应符合礼仪规范。

佩戴，既包括帽子、头巾、围巾、手套、墨镜等各种防护用品，又包括校徽、团徽等各种标志，还包括各种装饰物。

帽子、头巾、围巾、手套等用品的选用，应根据衣着情况而定，主要要求是无论色彩还是样式都要协调，不能给人以不伦不类的感觉。这些物品的主要作用是御寒，因此在室内不应戴帽子、头巾、围巾和手套。即使是在较强的阳光下，中学生一般也不需戴墨镜，在室内或礼节性场合，就更不应戴墨镜。

标志的佩戴应严肃。校徽应别在左胸前，队徽、团徽别在校徽上方。荣获过各种奖章、纪念章的，在必要时也可别在胸前适当的位置。

穿着礼仪

重仪表，明身份。穿和戴，有学问。

首整洁，次美观。要大方，要自然。
按校规，穿校服。不攀比，宜朴素。
仪容美，贵洁净。不染发，不烫发。
爱清洁，促健康。讲卫生，促成长。

三、言谈举止

(1) 言谈作为一门艺术，也是个人礼仪的一个重要组成部分。

礼貌：态度要诚恳、亲切；声音大小要适宜，语调要平和沉稳；尊重他人。

用语：敬语，表示尊敬和礼貌的词语。如日常使用的“请”、“谢谢”、“对不起”，第二人称中的“您”字等。初次见面为“久仰”；很久不见为“久违”；请人批评为“指教”；麻烦别人称“打扰”；求给方便为“借光”；托人办事为“拜托”等。要努力养成使用敬语的习惯。现在，我国提倡的礼貌用语是十个字：“您好”、“请”、“谢谢”、“对不起”、“再见”。这十个字体现了说话文明的基本的语言形式。

(2) 谈话姿势：谈话的姿势往往反映出一个人的性格、修养和文明素质。

交谈时，首先双方要互相正视、互相倾听，不能东张西望、看书看报、面带倦容、哈欠连天。否则，会给人心不在焉、傲慢无理等不礼貌的印象。

(3) 站姿：站立是人最基本的姿势，是一种静态的美。站立时，身体应与地面垂直，重心放在两个前脚掌上，挺胸、收腹、收颌、抬头、双肩放松。双臂自然下垂或在体前交叉，眼睛平视，面带笑容。站立时不要歪脖、斜腰、屈腿等，在一些正式场合不宜将手插在裤袋里或交叉在胸前，更不要下意识地做些小动作，那样不但显得拘谨，给人缺乏自信之感，而且也有失仪态的庄重。

(4) 坐姿：坐，也是一种静态造型。端庄优美的坐，会给人以文雅、稳重、自然大方的美感。正确的坐姿应该是腰背挺直，肩放松。女性应两膝并拢；男性膝部可分开一些，但不要过大，一般不超过肩宽。双手自然放在膝盖上或椅子扶手上。在正式场合，入座时要轻柔和缓，起座要端庄稳重，不可猛起猛坐，弄得桌椅乱响，造成尴尬气氛。不论何种坐姿，上身都要保持端正，如古人所言的“坐如钟”。若坚持这一点，那么不管怎样变换身体的姿态，都会优美、自然。

(5) 走姿：行走是人生活中的主要动作，走姿是一种动态的美。“行如风”就是用风行水上来形容轻快自然的步态。正确的走姿：轻而稳，胸要挺，头要抬，肩放松，两眼平视，面带微笑，自然摆臂。

行走礼仪

坐立走，要规范。站如松，坐如钟。
身立正，精神好。挺起胸，要记牢。
上下楼，靠右行。若问路，要礼貌。
文明语，记心间。“老爷爷，阿姨好”。
尊老人，爱幼小。助残疾，有爱心。

第三节 学校礼仪

一、升旗礼仪

同学们,你们知道为什么每周一都要升国旗吗?国旗、国徽是一个国家的重要象征,当五星红旗冉冉升起和奏响嘹亮的国歌的时候,相信每一个中国人都会为之骄傲。因为今天我们的幸福生活都是前人用自己的鲜血换来的,作为在校学生,更应该明白升国旗的重要意义,并用自己的行动去证明。

升旗礼仪:

(1) 立正站立。

(2) 行注目礼。

(3) 认真听优秀同学进行的国旗下讲话。

(4) 唱国歌时要严肃,声音要洪亮。

升旗礼仪

星期一,操场上。奏国歌,升国旗。
老师们,注目礼。队员们,行队礼。
小朋友,要严肃。小眼睛,看国旗。
身站直,不乱晃。唱国歌,要响亮。
长大了,尽全力。使祖国,更美丽。

二、上课礼仪

1. 上课

学生应提前进入教室,恭候老师到来。老师走进教室时班长要立即喊“起立”。全班同学迅速肃立,表示敬礼,老师还礼后,再坐下。起立、坐下时,动作要快,但要轻,不要让桌椅发出很大的声音。

学生上课,衣着要整洁。不穿拖鞋、背心,不敞胸露怀,不戴帽子、口罩、围巾、手套。听课要专心致志,不做小动作。不吃东西、不喝水、不嚼口香糖、不听“随身听”、不扇扇子、不玩东西。不随意下座位。不交头接耳、不睡觉。

全体学生要以饱满的情绪听好每一节课,并按时、认真、独立地完成各种作业,还要认真体会老师在作业上悉心批改之处。

学生如遇到特殊情况，不得已而在老师开始上课后才进入教室，应特别注意举止的文明和礼仪的周到。

(1) 在教室门口应先停下脚步，首先喊“报告”。如果教室门关着，那就应先轻轻叩门；要在得到老师的允许之后，才能进入教室。

(2) 要向老师说明迟到的原因，说话态度要诚恳。应在得到老师谅解和允许后，方可入座。

(3) 在走向自己的座位时，速度要快，脚步要轻，动作幅度要小。走到座位前，在放书包和拿课本时，尽量不要发出太大的响声，更不能有任何滑稽可笑的举止。

(4) 坐下之后，应立即将注意力集中起来，端坐静听老师讲课。

总之，迟到学生要把由于自己迟到而对课堂秩序造成的影响，减小到最低限度。

2. 回答老师提问

老师在上课时向学生提问，是老师检验自己教学效果的最迅捷和最直接的方法。老师通过提问，既可以了解学生对自己执教的内容是否理解和接受，又可以启发学生积极思维，使学生的注意力集中。而学生的答话，亦能启发老师的思维活动，达到教学相长的目的。因此，老师提问是一种正当和必要的教学手段。正因为如此，每个学生都应懂得老师提问的积极意义，并要正确、礼貌地对待老师的提问。

回答老师提问时应注意：

(1) 学生如要回答问题，首先应该举手，要在老师点到自己的名字时，方可站起来答题。切不可坐在座位上就七嘴八舌地发言，在老师未点到自己的名字时，也不要抢先答话。

(2) 在起立回答问题时，站姿、表情要大方，不要搔首弄姿或者故意做出滑稽的举止引人发笑。说话声音要清晰，音量不要过低，使老师、同学听不清楚。

(3) 有时，对老师的提问自己回答不出来，但又偏偏被点到名。这时，自己应该站起来，以抱歉的语调向老师实事求是地表明这个问题自己回答不出来。

(4) 在别人回答老师的提问时，不应随便插话。如果别人回答错了，或者回答不出，切不可在旁边讥笑嘲讽。当老师问“有哪个同学能回答这个问题”时，自己可以再举手，在得到老师允许后，再站起来回答问题。

3. 良好的课堂秩序

当老师在上课时，如果课堂纪律很好，这会使老师感到自己的劳动得到了应有的尊重，内心会有欣慰和亲切之感，思路会越讲越顺，教学水平会发挥到最佳状态。反之，当老师在上课时如果课堂纪律不好，会使老师感到自己的辛勤劳动未得到尊重，于是内心会有一种沮丧、失落之感，思路会被打乱，教学效果也会受到很大影响。

这里提醒我们，学生到课堂上课的主要目的，就是为了从师而解惑。一个学生不遵守课堂纪律，也就是对老师的不尊重，其为惑也，怎能解呢？同时，这也是对其他同学的不尊重，会影响别人的解惑。正因为课堂是学生从师解惑的主要场所，所以每个学生都应遵守课堂纪律，这既是对老师辛勤劳动的尊重，也是一种基本的礼貌。

对老师讲述的内容有异议时，最好下课后单独找老师交换意见，共同探讨，但尽量不要在无关紧要的细节上纠缠，老师精力不济时应主动停止交谈，老师若还有上课任务，应

留给老师一点休息的时间。若在课堂上或公共场合非提不可时也要注意方式，态度要诚恳谦恭，不可无礼冲撞，不可扰乱课堂秩序。

下课铃响，在听到老师说“下课”后，班长喊“起立”，同学们应迅速起立、站好，对老师行注目礼，师生相互道别，待老师离开课堂再收拾学习用具和自由活动。

三、集会礼仪

集会是一种团体活动，集会根据性质可分为庆典集会、纪念集会、动员集会、传播集会、交流集会等，根据规模可分为大型集会、小型集会等。在这里对大型集会和小型集会中学生应注意的礼仪做些介绍。

1. 大型集会礼仪

参加大型集会，要注意以下礼仪：

(1) 有序地准时到达集会地点，在指定位置就座，静候集会的开始。集会正式开始前可进行会前“拉歌”，活跃气氛。切忌在会前三五成群地出入集会场地，或你叫我嚷，前呼后应，更不能滋事生非，扰乱会场。

(2) 会议开始则听从大会组织者指挥，按要求起立、唱歌、呼号、落座、听讲；会议结束则有序退场。

(3) 会中听讲注意礼貌，讲究礼仪、公德。在介绍来宾时要目视来宾并适时鼓掌欢迎。主讲人讲话前要鼓掌欢迎，中间如有精彩处要报以掌声，讲完后要鼓掌致谢。来宾退场时要鼓掌欢送。要爱护公物，保持会场清洁，不可随意搬动会场公共设施，不可践踏桌椅，不可乱扔果皮纸屑。

(4) 保持会场气氛。不能在会中交头接耳、瞻前顾后、读书看报、来回走动；要注意和宣讲者保持交流，适时报以会意的笑声和掌声。

2. 小型集会礼仪

小型集会的与会者参与意识要强，不能做旁观者、局外人。下面根据不同性质的集会谈谈其基本礼仪。

(1) 代表会：与会的学生往往是某类学生的代表，作为代表，应按时到达会议地点，按要求签到，领取有关资料，到指定位置就座；然后通过有关材料了解会议的程序，大致领会会议精神，准备好记录用具。在会中要注意听会，做好记录，保持同主持人、主讲人的交流，通过眼神和姿态对所讲内容作出一定的反应，让主讲人能及时调整自己的讲话速度、思路、内容。在主讲人或特邀发言人讲话时，要表示出礼貌，根据场合或点头示意，或鼓掌欢迎。切忌交头接耳、读书看报、漠然处之。会中有事外出需打招呼。散会时整理好材料，收拾好用具，摆好原有物品，同主持人点头示意离去。

(2) 座谈会：就某一话题进行交换意见的会议形式。与会者会前要明确会议议题，做好发言准备，发言最好能成文，至少要心中有数，由主到次理清头绪。与会者应按时到指定地点参加会议，选择合适的位置就座，并与主持人点头示意。会议开始后，要始终保持参与意识和对座谈会话题的兴趣。注意听取别人的谈话，如果别人的发言与自己有些内容雷同应及时调整，如果别人的发言对自己有启示就马上记下来，作为自己话题的补充。

应注意不要随便插话打断别人的发言，即使是对别人的发言表示赞同也不行，更不能反驳他人，甚至抬杠、争辩，要表现出对他人意见的重视和人格的尊重。自己发言时要注意不要过于客套，入题要快。如果自己的看法和别人的相悖，不可断然否定他人之言，甚至贬低诋毁，也不可断然否认自己意见的局限性、可商榷性，应以谦逊的态度、委婉的语气与人交换意见，必要时可调侃一下以便缓和气氛。在座谈会中，要掌握合适的发言时机，一般来说，应让长者先讲，或让职务高的人先讲。如果会议开始时比较沉闷，不妨来个“抛砖引玉”，或请他人“抛玉引砖”，始终把自己放在合适的位置。会议结束后要遵循原则：不可会上不说，会后乱说；不能当面不讲，背后乱讲。需要宣传的会议精神，按会议要求去办。

(3) 纪念会：一种应时会，有节假日纪念会、国事纪念会、人物纪念会。中学生参加纪念会，首先要了解纪念内容，不能做一个盲目的听众。应做好会议发言的准备，因为这种会议常常采用座谈会的形式。应按时到会，按指定地点就座。会议开始后，如有同纪念事件或人物有关的人到会并被介绍时要起身致意或鼓掌欢迎。会中要认真聆听每个与会发言者的发言，并适时鼓掌。会后如有纪念活动，如参观、合影、领取纪念物品等，应做到长者优先、师者优先、女士优先，不能东奔西跑、抢镜头、挑三拣四；在可能的情况下，为他人做些力所能及的事，如搬桌椅、领物品等。

(4) 对话会：座谈会的一种特殊形式，目的是交换意见，交流思想，取得共识，求得问题的解决。中学生参加的对话会大致有如下几种情形：班级民主管理对话会、教学相长师生对话会、热点问题聚焦对话会等。无论是哪种对话会，都要遵守一定的礼仪原则。第一，必须尊重对方人格，遵守对话会纪律。第二，要注意聆听对方意见，分析其合理的因素，适时调整自己话题的内容。第三，要守秩序，不可乱喊乱叫，随便打断他人的发言，更不能愤然离席以示抗议；要体现出文明、耐心。会议结束后不可一哄而散。

(5) 辩论会：一种对抗式的答辩，往往很激烈。作为辩手应做到：①不卑不亢，自然大方，不能畏首畏尾，嗫嗫嚅嚅，也不能趾高气扬，轻慢无礼；②尊重对方辩手人格，对“事”不对人，不对对方辩手进行人身攻击；③遵守秩序，按要求做自我介绍、表明观点，不随意打断他人论辩；④随机应变，机智灵活，根据对方论辩情况，调整自己的论辩观点和论据；⑤要有风度，辩论结束，向对方道别，向观众致意，向评委致谢。作为辩论会的参加者，应该做到：①准时到会，依次就座；②对正反双方都表示欢迎；③认真听双方的辩论，并于精彩处报以掌声；④注意礼貌，不可喝倒彩、指斥、嘲笑辩手；⑤辩论会结束时对胜负双方都要表示感谢，感谢他们为自己提供的学习机会，鼓掌致意；⑥依次退场，遇到辩手点头示意或招手致意。

会场礼仪

集会时，快静齐。找位置，准入场。
发言时，要行礼。演出时，不离场。
听报告，请安静。吃零食，不礼貌。
不喧哗，不吵闹。精彩处，齐鼓掌。

第四节　家庭礼仪

家庭礼仪是指人们在长期的家庭生活中，用以沟通思想、交流信息、联络感情而逐渐形成的约定俗成的行为准则和礼节、仪式。我国传统的家庭道德标准：人际和睦，勤俭持家，艰苦朴素，讲究礼仪。这是巩固和维护家庭正常关系的纽带，也是增强家庭凝聚力和工作、学习效率的强大精神支柱。通常所说的“父子和而家不败，兄弟和而家不分，乡党和而争讼息，夫妇和而家道兴”，可见“和(相互谦恭有礼)”是关键。为了构建团结和睦的家庭，使人们生活得更加幸福，我们必须学习和掌握家庭礼仪。

一、长辈与晚辈

孝敬父母，尊敬长辈，是做人的本分，是天经地义的美德，也是各种礼仪形成的前提，因而历来受到人们的称赞。孝敬父母要从以下方面做起：

(1) 主动关心问候父母，听从父母教诲。向父母、长辈问候致意，要按时间、场合、节庆不同，采取不同的问候方式。

(2) 理解照顾长辈，注意行事态度。经常主动地把生活、学习、思想情况告诉父母，有过错不要隐瞒、撒谎；对父母孝顺体贴，要言辞温婉，不顶撞父母，遇事与父母商量；即使受了委屈也要心平气和地解释，而不能与父母为敌。

(3) 分担父母忧虑，不给父母添乱。体谅长辈的艰辛，在父母生病或有困难时，尽力去关心照顾父母、协助父母；离家外出时应及时向父母汇报情况；承担一些简单的家务劳动，如餐后洗碗、扫地，整理自己的房间等。

二、待客与做客

在家庭礼仪中，不仅要和自己的亲人相处好，注意礼仪，还要有社交，其中迎来送往是有很多的学问的。那么我们该如何当好主人和客人呢?

1. 家庭待客礼仪

(1) 做好接待准备：

① 布置接待环境。家庭中接待客人的地方是一个家庭对外的窗口，要尽量把接待客人的房间布置得清洁、明亮、整洁，营造良好的待客环境，要有方便主客交谈的沙发、椅凳和放置茶水的桌子或茶几，让客人一进门就感到家庭的洁净和温馨。

② 准备接待物品。招待客人的茶具、茶杯，水果、小吃等要事先准备好。

③ 做好心理准备。接待客人还要做好心理准备，要从心理上尊重来客，善待来客，待

人接物热情开朗，不要让客人一进门就感到你不欢迎他们来，而让自己及家人都留下“拒客”的不良印象。

另外，尊重来客还要注意自己的服装仪表，让客人感到主人家确实做好各种准备，是真心实意地欢迎自己。

（2）接待工作：

① 有人敲门，应回答“请进”，或到门口相迎。客人进来，应起立热情迎接，并为客人安排座位，可用茶水、糖果等招待。

② 若是自己的朋友，初次来访时要向父母介绍，并把自己的父母介绍给朋友；若是长辈来访，敬茶须用双手端送，放在客人右边。如果夏天酷热，要使用电扇或是空调。

③ 吃饭时来客，应主动邀其一起用餐，如果客人申明已吃过，可先安排朋友就座，找些书报或杂志给客人看，然后接着吃饭。

④ 接受客人礼品，应该道谢，但不可当场拆开食用或玩弄。

⑤ 客人来时，如自己恰巧有事不能相陪，要先打招呼，致以歉意，并安排家属陪伴，然后再去干自己的事。

⑥ 客人提出告辞，表示要走时，可以婉言相留，希望其多坐一会儿，但要尊重他们的意愿，不能强行挽留，以免贻误他们的生活安排。

⑦ 送客要送到门外，并欢迎客人下次再来。

待客之礼

待客人，讲礼节。迎来宾，室整洁。
初次来，需介绍。递茶水，招待好。
师生情，深似海。待师长，更热情。
客告辞，送门外。诚心邀，下次来。

2. 外出做客礼仪

（1）去亲友家做客首先要仪表整洁，尽可能带些礼品以表示对主人的尊重。

（2）要掌握并且确定好具体时间，并届时如约而至，切记客随主便，以不干扰主人的生活与休息为原则，避免作不速之客。

（3）进门前应先按门铃或是敲门，未经允许，切勿推门而入。雨伞等物，应留于室外或主人指定处。进门后，必要时应脱下大衣、帽子、手套，并换着拖鞋，然后在主人指定之处入座，未请坐，不可坐下，坐应讲究姿势，注意适当和自然。见到主人的其他家人或朋友应主动问候，不可不理。做客时，要彬彬有礼，举止稳重，要尊重主人的规矩和生活习惯。

（4）去别人家做客，要搞清与主人的关系，明白怎样称呼主人，向主人致以问候。当主人端上糖果糕点、茶水时，应先道谢，然后用双手去接。

（5）交谈时，要掌握好时间，了解对方的心情，不要强人所难，要谈吐文明，离开时要主动告别。如有新客到来，要等候新客坐稳，方能告辞。

（6）在主人家不要不拘小节，不经主人允许，不能随意乱逛、乱翻、乱动摆设和物品，更不能任意开抽屉、柜子门、冰箱等。

（7）告别时，注意向主人打招呼说“再见”，并对主人的热情招待表示感谢，如“今天真高兴”，也可邀请主人来自己家做客，如“欢迎到我家去”。

访客之礼

去做客，修仪表。小礼品，示友好。
未允许，不乱动。经许可，方动用。
临告别，致谢意。主人闻，心欢喜。

三、就餐礼仪

（1）盛饭时，不要盛得过满；端饭或端菜时，大拇指要向上翘起，不要让大拇指沾到饭菜上，不然很不卫生。端着饭菜，要走得慢一些，稳一点，不要让饭菜洒出来。

（2）不要以口对着热汤吹气。有时端上桌的汤很烫，这时，应先少舀些汤尝一尝。如果太烫，可将汤倒入碗里用调羹慢慢地舀一舀，等汤稍降温时，再一口一口地喝。

（3）在与长辈一起用餐时，应等长辈入座后，才可以入座。坐下后不要随意走动，安静地等待用餐。双腿自然平放，坐姿自然。等长辈先拿碗筷后，自己再拿碗筷。

（4）就餐时细嚼慢咽，嘴里不能发出声响，餐具要轻拿轻放，摆放整齐。如果饭菜够不着，可以轻声告诉长辈。别人给自己添饭菜，要说“谢谢”。

（5）用餐时应注意礼让。端饭，要先端给爷爷、奶奶，再端给爸爸、妈妈，最后端给自己。如果有客人共同进餐，要先端给客人，再按照家人辈分的大小依次端上。端菜时，要先把好吃的菜，合长辈口味的菜，摆放在靠近长辈的桌前。

（6）按时就餐，不要长辈或家长再三邀请，吃好饭后离桌要说“大家慢慢吃”。

用餐礼仪

共进餐，要谦让。先长辈，不可忘。
在学校，要有序。两脚并，背不屈。
碗碟筷，轻拿放。不挑食，粒粒香。
小口咽，闭嘴嚼。既文明，又健康。

第五节　社会礼仪

一、公共场所礼仪

1. 公园

（1）保持公共卫生，不随手乱扔果皮、纸屑、饮料瓶罐。

（2）自觉遵守规章制度，爱护公园的花草树木和娱乐设施，不能攀树折枝、掐花摘果、践踏草坪，也不要在古迹上刻刻画画。

2. 博物馆和美术馆

(1) 爱护展品:博物馆陈列的展品,大多数具有很高的价值,参观时,不随便触摸展品,特别注意不要碰坏展品和其他设施,不可任意使用闪光灯拍照,对于博物馆和美术馆的特殊规定,参观者一定要遵守。

(2) 文明参观:

①进入博物馆和美术馆要将大衣、帽子以及旅游携带的杂物存放在衣帽间。不要戴帽子或者携带食品杂物进入展览厅,一边参观一边吃东西是不文明的举止。如果要喝水、吃东西可以到休息室去。

②展览厅内要保持安静的环境和良好的学术氛围,对讲解员的解说要专心倾听,遇到不懂的可以请教,但不要问个没完没了,惹人生厌。

③参观时也不要对展品妄加评论。如果你很欣赏某件展品,在不妨碍他人的情况下可以多欣赏一会儿;如果别人停住欣赏某件展品,而你不得不从他面前穿过时,一定要说"对不起"。

3. 影剧院

(1) 到影剧院去看戏或看电影,应提前到场,对号入座,如果自己的座位在中间,应当有礼貌地向已就座者示意,请其让自己通过。通过让座者时要与之正面相对,切勿让自己的臀部正对着人家的脸,这是很失礼的。

(2) 应注意衣着整洁,即使天气炎热,袒胸露腹也是不雅观的。

(3) 在影剧院要保持安静,不可大呼小叫,笑语喧哗,也不可把影院当成小吃店大吃大喝。

(4) 演出结束后,应有秩序地离开,不要推搡。

4. 体育运动场所

(1) 衣着。体育场所中的衣着一般是非正式的,以穿着适时、舒适为主,尤其是秋冬季的室外赛场,优先考虑的应是保暖。

(2) 入座。应准时到场,以免入座时打扰别人。观看比赛时,不能因情绪激动而用脚踩着座位看。

(3) 遵守秩序。观看体育比赛时要注意讲文明。可以在比赛中为你所喜爱、支持的运动员和运动队欢呼呐喊,但不要辱骂对抗的一队,以免和另一队的支持观众发生争执,更不要因不满赛况而向赛场中投掷杂物、攻击裁判等。

(4) 退场。如果赛后有要事,可在终场前几分钟悄悄离去。若等到赛完才离去,就要按顺序退场,不要互相拥挤,以免人多发生意外。

观 赛 礼 仪

赛场上,齐对抗。不作假,赢对方。
重参与,讲文明。喝倒彩,此不宜。
比赛时,要鼓掌。捡垃圾,才离场。

二、公共生活礼仪

1. 乘车礼仪

(1) 骑自行车:要严格遵守交通规则。不闯红灯,骑车时不撑雨伞,不互相追逐或曲

折竞驶，不骑车带人。遇到老弱病残者动作迟缓，要给予谅解，主动礼让。

(2) 乘火车、轮船：在候车室、候船室里，要保持安静，不要大声喊叫。上车、登船时要依次排队，不要乱挤乱撞。在车厢、轮船里，不要随地吐痰，不要乱丢果皮纸屑，也不要让小孩随地大小便。

(3) 乘公共汽车：车到站时应依次排队，对妇女、儿童、老年人及病残者要照顾谦让。上车后不要抢占座位，更不要把物品放到座位上替别人占座。遇到老弱病残孕及怀抱婴儿的乘客应主动让座。

(4) 乘坐飞机：遵守规定，不带危险品登机。按照登机牌指定的座位就座，不要乱窜乱坐。与其他乘客应彼此谦让，和睦相处，不要寻衅滋事，不要乱动别人的东西，或是危言耸听。

出行之礼

上车时，按顺序。不挤压，要谦让。
不抢座，不喧哗。此二不，要记牢。
见老幼，知礼貌。懂让座，文明好。

2. 乘坐电梯礼仪

(1) 上下电梯的人较多时，应依次进出，尽量让妇女和老人先行，不要争先恐后，互不相让。

(2) 电梯空间较小，因此进入电梯后不要大声说话，不能乱丢垃圾。

3. 购物礼仪

(1) 去超市或商场等公共场所，要着装合理整洁，不可穿睡衣、背心、拖鞋入内。

(2) 进超市购物，要按规定存包。

(3) 购物时，若对已选购的商品感到不满意，应主动将其放回原货架区，不能随意放置。贵重商品、水果蔬菜应轻拿轻放。

(4) 超市内的商品不能随意品尝、试用。若有一些可免费品尝的，也不可贪图小便宜，无休止地享用。

(5) 付账时要自觉排队，购买物品较多时不可贪图快捷走绿色通道。

(6) 对售货员要有礼貌，要称呼其“阿姨”、“叔叔”，请不要用“喂”等字眼把售货员呼来喝去。

(7) 对于售货员的热情服务要表示感谢，常说“谢谢”、“请”和“您”。

购物礼仪

进超市，请讲礼。见阿姨，问声好。
拿东西，不满意。退原位，宜轻放。
买物品，要付账。购物时，不品尝。

4. 电话礼仪

选择适当的通话时间。白天应在八点以后，节假日最好在九点以后，夜间要在十点以前，以免影响接电话人及其家人的休息。

查清对方的电话号码，正确拨号。万一弄错了，应向接电话者表示歉意，不要将电话一搁了事。拨通电话后应耐心等待片刻，确定无人接再挂断。

电话接通后应主动告诉对方自己是谁，再客气地说“您好，麻烦您找一下××。”结束

通话后要致谢，说“再见”。

电话铃响后，要立即去接。拿起电话，应先说：“您好，我是××，请讲。”如果是找人的电话，应走到被找人面前或以恰当的方式，礼貌地告诉他人：“××，请您接电话。”如果被找的人不在，应主动表达愿意帮助的意向，可以说：“对不起，××现在不在，需要我告诉他给您回电话吗？”

使用公用电话应互谅互让，应让有急事的人先打，尽可能缩短通话时间，还要爱护公用电话设施。

5. 网络礼仪

网络礼仪，是指在网上交流信息时应遵从的各种行为规范。在互联网上人与人之间的交流，由于各种环境因素，对方未必可以完全正确理解自己所表达的意思。很容易陷入“言者无意，听者有心”的困境。所以，必须注意以下几个方面：

认真学习网上知识，不浏览不健康的网站和网上信息，网上与学习有关的资料，应保持自己的理解，学会筛选，真诚友好地交流，不侮辱欺诈他人。

尊重他人。对网上他人的说法或要求与家长沟通，征求家长的看法。

增强自我保护意识，要经过家长同意，才可将家里地址、电话、学校校名、自己的照片等个人资料在网上与别人交流。

上网有规律，有节奏，能科学地安排时间，远离网上游戏，不沉溺虚拟时空。

不制作、传播计算机病毒等破坏性程序。

网络礼仪

上网时，知礼貌。交流时，要友好。
坏信息，不点击。交友时，要分析。
乱点击，传病毒。懂知识，自保护。
打游戏，要控制。定时间，两不误。

三、外出旅游礼仪

(1) 要爱护旅游点的公共财物。

① 对公共建筑、设施和文物古迹，甚至花草树木，都要珍惜和爱护，不能随意损坏。

② 不能在柱、墙、碑等建筑物上乱写、乱画、乱刻。

(2) 要注意保持旅游点的环境卫生和静谧气氛。

① 进入旅游风景区不要喧哗，嬉笑打闹。

② 不要随地吐痰、便泄、弄污环境；不要乱扔果皮纸屑、杂物等。

③ 对旅游区的工作人员要尊重，要服从他们的指挥。

(3) 要关心他人，注意礼让。

① 在景色好的地方拍照要注意谦恭礼让，不要与人争抢占先。

② 凡是旅游点规定不准拍照的地方，一定要信守规定，不要偷拍，以免造成不可弥补的损失。

(4) 要多为他人提供方便。

① 如行经曲径小路、小桥山洞时要主动让行，不要争先抢行。当游人多时，不能只顾自己躺在长椅上睡觉，也不要人坐在椅子靠背上而脚踩在凳面上。

② 见到老、弱、病残、孕和怀抱小孩者主动让座，对他们多加照顾。

文明观光

旅游区，讲公德。丢垃圾，不道德。

礼貌语，随时用。要友好，应记牢。

见古迹，不刻画。爱公物，人人夸。

四、人际交往礼仪

在社会生活中，常常用“会办事”或“不会办事”来大致地评价一个人的人际交往能力。那么，作为青少年，究竟怎样才算是“会办事”呢？

人们常说，除了先天的素质之外，要“会办事”，必须懂得人际交往的一些基本原则，并在遵守这些原则的基础上，娴熟地掌握一些交往的艺术。这样才能在学习、工作中得心应手，事半功倍。

1. 人际交往的原则

进行社交，正确处理人际关系是一个根本性的问题，青少年应当遵循以下各项基本原则：

(1) 热情待人，以诚相见是人际交往中的基本准则之一。亲戚、朋友、同学之间的承诺，都必须抱以积极热忱的态度对待，应该正确估计自己的能力，有分寸地处理每一件具体事情。

(2) 珍惜自己的名誉，力争在别人心目中树立热情、诚恳、务实的优良形象。

(3) 不能自以为是，要时刻注意虚心听取别人的意见。尤其是对长辈、老师、领导的意见更要重视。当别人提出意见或建议时，要和颜悦色地倾听，在社交场合，要注意多用使人感到亲切和富有人情味的语言，如“谢谢”、“请”、“对不起”、“劳驾”、“愿意效劳”等。说话时，应该面带微笑，语调亲切友好。

(4) 对集体的事要多关心，对别人的困难要多给予帮助，对朋友托付的事情要尽可能办好；凡是答应别人的事，都要讲究信用。

2. 称呼的技巧

初次见面更要注意称呼，要称呼姓和职务，要一字一字地说得特别清楚，在交谈过程中，称呼对方时，要加重语气，称呼完了停顿一会儿，然后再谈要说的事，这样才能引起对方的注意，对方才会认真地听下去。

3. 握手的礼仪

(1) 握手的次序：根据礼仪规范，握手时双方伸手的先后次序，一般应当遵守“尊者先伸手”的原则，应由尊者首先伸出手来，位卑者只能在此后予以响应，而绝不可贸然抢先伸手，不然就是违反礼仪的举动。值得注意的是，在公务场合，握手时伸手的先后次序主要取决于职位、身份，而在社交、休闲场合，则主要取决于年龄、性别、婚否。

(2) 握手的方式：握手的标准方式，是行礼时行至距握手对象约 1 m 处，双腿立正，上身略向前倾，伸出右手，四指并拢，拇指张开与对方相握。握手时应用力适度，上下稍许晃动三四次，随后松开手来，恢复原状。在正常情况下，握手的时间不宜超过三秒，必须站立握手，以示对他人的尊重、礼貌。

(3) 交谈中的语言艺术：语言作为人类的主要交际工具，是沟通不同个体心理的桥梁。交谈的语言艺术包括以下几个方面。

① 准确流畅：在表达思想感情时，应做到口音标准、吐字清晰，说出的语句应符合规范，避免使用似是而非的语言。应去掉过多的口头语，以免语句割断；语句停顿要准确，思路要清晰，谈话要缓急有度，从而使交流活动畅通无阻。

② 委婉表达：交谈是一种复杂的心理交往，人的微妙心理、自尊心往往起重要的控制作用，触及它，就有可能产生不愉快。因此，对一些只可意会不可言传的事情、人们回避忌讳的事情、可能引起对方不愉快的事情，不能直接陈述，只能用委婉、含蓄、动听的话去说。

③ 掌握分寸：谈话要有放有抑有收，察言观色，注意对方情绪，对方不爱听的话少讲，一时接受不了的话不急于讲。

④ 幽默风趣：交谈者随机应变，凭借机智抛开或消除障碍；幽默还可以化解尴尬局面或增强语言的感染力。

五、涉外交际礼仪

在国际交际中，礼宾是一项很重要的工作，许多外事活动，往往是通过各种交际礼宾活动进行的。一般来说，各种交际活动，国际上都有一定惯例，但各国往往又根据本国的特点和风俗习惯，有自己独特的做法。在对外交往中除应发扬我国礼仪之邦的优良传统，注意礼貌、礼节之外，还应尊重各国、各民族的风俗习惯，了解它们不同的礼节、礼貌的做法，从而使得我们在外事活动中真正做到不卑不亢，以礼相待。

1. 举止　在外事活动中，举止要落落大方、端庄稳重，表情要自然诚恳、和蔼可亲，不拘小节。站时，身体不要东歪西靠，不要斜靠在桌面或倚靠；坐时，姿势要端正，不要跷脚、摇腿，也不要显出懒散的样子，女同志不要支开双腿；走时，脚步要轻，如遇急事可加快脚步，但不要慌张奔跑；说话时，手势不要过多，也不要放声大笑或高声喊人。

2. 谈吐　在与外宾交谈时，表情要自然，态度要诚恳，用语要文明，表达要得体。别人在与他人个别交谈时，不要凑前旁听。若有事需与某人谈话，应待别人说完。交谈中若有急事需要离开，应向对方打招呼，表示歉意。

在与外宾交谈时，不要打听对方的年龄、履历、婚姻、薪金、衣饰价格等私人生活方面的情况。同外国友人交谈，最好选择喜闻乐道的话题，诸如体育比赛、文艺演出、电影电视、风景名胜、旅游度假、烹饪小吃等，这类话题使人轻松愉快，能受到普遍欢迎。如果外国友人主动谈起我们不熟悉的话题，应该洗耳恭听，认真请教，不要不懂装懂，更不要主动谈论自己一知半解的话题。

第六节　常用文明礼仪用语

一、校园文明礼貌用语

(1) 早晨进校遇见老师要主动打招呼，喊声“×老师早”“老师们早”。

(2) 在升旗、集合等正式场合，奏国歌时应立正致意。

(3) 早自习或其他自习课，不应高声说话，以免打断别人的思路。

(4) 听到上课钟响应立即进课堂，静候老师来上课。

(5) 老师进教室授课，全班同学随班长“立正”口令，同时起立，保持立正姿势。

(6) 上课迟到应在教室外稍候，待老师允许后进入教室就座。

(7) 上课专心听讲，对老师讲授的内容有疑问时，先用笔记下来，待老师讲授后举手提问，或课后请教老师，不要随便打断老师的讲授。

(8) 下课时待老师先离教室，再有秩序地下课，不要抢在老师前面走。

(9) 在较狭窄的地方与老师相遇，要让老师先通行。

(10) 到老师办公室去，要先打招呼，喊“报告”，得到老师同意后再进办公室。

(11) 对老师批改的作业，如有不同的意见，可及时与老师一起讨论或写纸条夹在作业本里，向老师请教，不能擅自涂改或撕掉老师的批改。

(12) 学校集会，发言者走上讲台或发言结束时，参加集会的同学要鼓掌致意。会议执行主席宣布散会后，大家方能起立，并有秩序地离场。

(13) 不要随便翻他人的书包，未经同意，不能随意翻阅他人的书刊和日记本。

(14) 男女同学要互相尊重，平等相处，对女生不要随便开玩笑。

(15) 早晨起身时第一次遇见长辈，应招呼一声，表示请安。

(16) 离校后，学习或工作取得成绩时别忘告诉你的启蒙老师。

校园之礼

晨风吹，阳光照。好学生，讲礼貌。
见老师，问声好。学知识，遵教导。
与师谈，要谦恭。见师忙，不打扰。
写作业，贵独立。老师见，心欢喜。
遇老师，要让路。要诚实，不说谎。
讲学习，讲礼貌，习惯好，更重要。

二、生活中常用礼貌用语

(1) 问候的语言：早晨好、您早、晚上好、晚安。

(2) 致谢的语言：谢谢您、多谢了、十分感谢。

(3) 拜托的语言：请多关照、承蒙关照、拜托。

(4) 慰问的语言：辛苦了、受累了、麻烦您了。

(5) 赞赏的语言：太好了、真棒、美极了。

(6) 谢罪的语言；对不起、实在抱歉、劳驾、真过意不去、请原谅。

(7) 挂念的语言：身体好吗、怎么样、还好吧。

(8) 祝福的语言；托您的福、上帝保佑、您真福气。

(9) 理解的语言：只能如此、深有同感、所见略同。

(10) 迎送用语:欢迎、欢迎光临、欢迎再次光临、再见。

(11) 问候用语:您好、早安、午安、晚安、多日不见您好吗?

(12) 祝贺用语:祝您节日愉快、祝您生意兴隆、祝您演出成功。

(13) 征询用语:您有什么事情? 需要我帮您做什么事情? 您还有别的事情吗? 如果您不介意的话,我可以做××吗? 请您慢点讲。

(14) 应答用语:没关系、不必客气、照顾不周的地方请多指正、非常感谢、谢谢您的好意。

(15) 道歉用语:实在对不起、请原谅、打扰您了、失礼了、完全是我们的过错、谢谢您的提醒、我们立即采取措施使您满意。

(16) 婉言推托语:很遗憾! 不能帮您的忙;承您的好意,但是我还有许多工作呢。

生活礼仪

问候语,记心中。早中晚,得体用。
亲外出,祝安好。亲归家,慰辛劳。
看对象,分场合。父母闻,心感动。
离家久,常问候。家中人,不担忧。

附:有关礼仪的歌谣

一、社会

1. 室内公共场合

剧院礼仪

看电影,提前到,座位要对号。
摘帽子,弯腰走,安静不吵闹。
瓜皮壳,不乱扔,装好自带走。
退场时,不拥堵,爱幼又尊老。

图书馆礼仪

图书馆,静悄悄,轻手又轻脚。
爱护书,不折页,不随便圈画。
空座位,不霸占,干净人人夸。
借还书,守规则,竞开文明花。

2. 医院

探望礼仪

探病人,选时间,笑容挂脸上。
病房内,说话轻,真诚来关心。
询病情,送礼物,时刻记安慰。
探望后,话告别,祝福早康健。

3. 公园

旅游礼仪

去旅游，有修养，文明不喧哗。
好风景，细欣赏，拍照有顺序。
导游讲，细倾听，离团要讲清。
旅游中，不乱画，名胜要爱惜。

参观礼仪

博物馆，展览馆，参观有修养。
参观前，细检查，仪表要整洁。
参观中，耐心听，欣赏要文明。
好展品，不乱摸，举止显高雅。

4. 交通站

机场礼仪

乘飞机，早早到，行李不超重。
安检时，有耐心，静等不乱动。
扶梯上，靠右边，左侧才畅通。
候机厅，不喧哗，文明记在胸。

5. 马路

行走礼仪

校园里、不奔跑，昂首挺胸精神好。
上下楼、靠右行，脚步轻轻像小猫。

放学路队礼仪

不聊天，不打闹，排队行走有秩序。
队伍整齐离学校，我与同学说再见。
放学路上不逗留，安全到家乐陶陶。

6. 商场

购物礼仪

选物品，须注意，包装不乱拆。
轻轻拿，轻轻放，乱放不应该。
错拿物，放原处，交谈语轻声。
结账时，排好队，儒雅好学生。

二、学校

1. 课堂

上课礼仪

预备铃声响，快快进课堂。准备好学具，安静等师长。
老师进课堂，班长口令响。起身立正好，鞠躬敬师长。
坐姿要端正，专心悉听讲。发言先举手，响亮又大方。

2. 操场

课间礼仪

课间时，要注意。追打闹，不可以。
玩游戏，要安全。文明休息你真棒。

升旗礼仪

五星红旗多艳丽，高高升向蓝天里。
少先队员要肃立，双双眼睛望国旗。
五指并拢举过头，向着国旗敬个礼。

3. 食堂

就餐礼仪

慢慢走、不要奔，端来饭菜轻轻放。
不敲碗来不敲盆，吃饭吃菜小声音。
荤素搭配营养全，不可挑食都吃尽。
归整餐椅放餐具，轻拿轻放有秩序。

4. 公共场所

如厕礼仪

如厕前，先敲门。有人在，要等待。
如厕后，要冲水。整好衣，把手洗。

值日打扫礼仪

做值日，要积极。先擦黑板后扫地。
桌椅齐，抽屉净。垃圾分类送入箱。
爱劳动，最光荣。清洁卫士我真棒。

5. 办公室

进办公室礼仪

脚步轻，别喧哗，办公室里要安静。
先敲门，喊“报告”，老师批准才能进。

6. 会议室

会议礼仪

去开会，要准时，入场不迟到。
排着队，有秩序，慢行不抢道。
专心听，不说笑，认真开动脑。
讲得妙，要鼓掌，热情又礼貌。

三、家庭

1. 客厅

待人接物礼仪

小朋友，都知道，礼貌用语记得牢。
对待长辈要用“您”，早晨见面说声“早”。

平时互相问问“好”，分别“再见”别忘了。
若要求人帮，“请”字先用上。
得到别人帮，“谢谢”口中讲。
无意影响人，忙说“对不起”。
文明好孩子，人人都夸奖。

待客礼仪

客人来，打招呼，微笑迎进门。
奉茶水，双手端，热茶暖人心。
小客人，我来陪，热情又大方。
客人走，送出门，欢迎下次来。

做客礼仪

去做客，仪表整，举止要文明。
见主人，问声好，递上小礼物。
带微笑，自如淡，说话要得体。
告别时，说再见，真诚表谢意。

敬长辈礼仪

长辈恩，比海深，“您”字挂嘴边。
晨和晚，要问候，长辈心欢喜。
谈学习，聊生活，经常交交心。
长辈病，要慰问，长辈心里暖。

电话礼仪

铃声响，立刻接，用语有礼貌。
陌生号，要谨慎，信息不泄露。
遇错打，莫生气，说话要和气。
挂电话，说再见，礼貌人人夸。

2. 厨房

家宴礼仪

就餐前，长辈先，最后我入座。
脚放平，胸挺直，坐姿要端正。
轻轻嚼，慢慢咽，饭菜喷喷香。
不挑食，不偏食，营养会全面。

家务礼仪

理床铺，扫房间，每天勤观察。
洗衣服，刷鞋子，劳动真快乐。

洗洗菜，刷刷碗，主动帮父母。
动植物，家里养，我来勤照顾。

3. 起居室

卫生礼仪

勤换衣，勤洗澡，全身都整洁。
打喷嚏，拿纸巾，掩住口和鼻。
如厕后，要冲水，废纸丢篓内。
雨雪天，擦鞋底，干净进家门。

着装礼仪

穿衣服，看场合，不马虎随意。
钮必扣，链要拉，整洁又神气。
穿拖鞋，套背心，让人直叹息。
色彩美，不需贵，照样很亮丽。

参考文献

[1] 尤静波.西方流行音乐简史[M].北京:中国文联出版社,2004.

[2] 尤静波.中国流行音乐通论[M].北京:大众文艺出版社,2011.

[3] 丁润洋.西方音乐通史[M].上海:上海音乐出版社,2003.

[4] 杨荫浏.中国古代音乐史稿[M].北京:人民音乐出版社,1981.